课堂人种志

理论·方法·实践

KETANG RENZHONGZHI
LILUN FANGFA SHIJIAN

杜文军 著

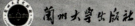

兰州大学出版社

图书在版编目(CIP)数据

课堂人种志:理论、方法与实践 / 杜文军著. —
兰州:兰州大学出版社,2013.8
ISBN 978-7-311-04233-2

Ⅰ.①课… Ⅱ.①杜… Ⅲ.①课堂教学—教学研究
Ⅳ.①G424.21

中国版本图书馆 CIP 数据核字(2013)第 211696 号

策划编辑　梁建萍
责任编辑　梁建萍　梁　涛
封面设计　杨佩哲

书　　名　课堂人种志——理论·方法·实践
作　　者　杜文军　著
出版发行　兰州大学出版社　(地址:兰州市天水南路 222 号　730000)
电　　话　0931-8912613(总编办公室)　0931-8617156(营销中心)
　　　　　0931-8914298(读者服务部)
网　　址　http://www.onbook.com.cn
电子信箱　press@lzu.edu.cn
印　　刷　兰州奥林印刷有限责任公司
开　　本　710 mm×1020 mm　1/16
印　　张　11.25
字　　数　191 千
版　　次　2013 年 9 月第 1 版
印　　次　2013 年 9 月第 1 次印刷
书　　号　ISBN 978-7-311-04233-2
定　　价　25.00 元

前　言

教育是继承、传递、改造和创新文化的过程,是触及人的灵魂,促进人的发展的庞大系统工程。涉及文化的因素是很难测量的,只能在理解的基础上给予解释。同样,涉及人的很多因素也都是难以测量的,如价值观、信念、精神、道德、情感、情绪等,对他们的认识也只能通过理解才能给予恰当的解释。这意味着以测量为主的量化研究范式不可能解决教育中的全部问题,而新的研究范式的介入就成为必然。人种志就是这种必然的结果。自马林诺夫斯基创设"在这里""去那里""再回到这里"这一套人种志田野作业的基本研究范式后,由于这种方法强调在自然情境下,以文化相对主义和文化整体观为视角,通过人的行为、事件、活动揭示其深层文化意蕴,因而比量化研究更具有优势。正因为此,人种志刚一产生,就很快的被广泛运用到其它学科,如社会学、心理学、文学、民族学、民俗学等领域,其中也包括教育教学领域。但这一方法也并不是毫无瑕疵的,它也存在着诸如研究周期如何确定、理论预设是否妥当、如何获得他人信任、获得他人信任的依据是什么、如何处理"我文化"与"他文化"的关系、文本写作的标准与原则如何把握、如何在实践中正确的理解和实施文化相对主义等问题的困扰,这些问题在很大程度上影响了人种志研究结论的效度和信度,因而遭到人们的批判和质疑。课堂人种志的研究无疑有助于上述问题的解决。

格尔茨说过:"如果你想理解一门学科是什么,你首先应该观察的不是这门学科的理论或发现,当然更不是它的辩护士们说了些什么,你应该观察这门学科的实践者们在做些什么。"对于教学论研究者而言,课堂就是他们研究的现场。但长期以来,我国习惯于通过逻辑思辨的方式进行教学理论的构建以及拟定问题、再解决问题的研究工作,这种从事教学研究而不莅临现场的"扶手摇椅式"研究招来众多的非议。令人欣慰的是,目前这一现状得到了初步的改观,但暴露出的问题还很多。

一些研究者尽管进入课堂,但仍然采取以量化为主的研究方式,将课堂看作是验证某一理论或假设的场所,缺乏对师生文化的具体分析。甚至一些自称为课堂人种志的研究者在研究中存在着有悖于这一研究基本规范的问题。他们常常借助行政命令进入研究现场,在尚未获得师生的认可时就已经远走高飞。他们的文本常常是站在"我文化"角度,运用比较娴熟的语言逻辑进行自我论证及其言说,即使这种论证和言说有可能与课堂师生的认识和理解大相径庭,但由于读者不可能身临其境,往往只能通过研究者本人的交代展开思维,至于课堂究竟发生了什么事,为什么课堂会出现这样的行为、事件或活动,则无从得知,这种很少顾及师生"他文化"的解释的客观性是不言而喻的。

尤为甚者,一些人还存在着这样一种认识:人种志作为一种方法和技术工具,它应该是中立的、马上可以操纵的,国外相关研究已经比较成熟,如果要用它进行教育教学研究,只要找上一两本国外有关人种志研究方面的书看看就行了,所以进行所谓的教育人种志、课堂人种志研究并没有什么价值和意义。毫无疑问,中立是任何方法的通行证,它总是与结论的重复性相关,借以表明自己客观的身份。自然科学可以用同样方法获得同样精致的结果,人种志则未必尽然,但并不能就此认为它就不是一种方法,因为它的目的不在于验证,而在于建构,不是庞大理论的构建,而是基于常常被人们忽视的地方文化的不断分析、解释,进而达到对所谓普适文化的反思与映衬,它是一个未尽过程,也是人们如何看待"它文化"的基本思路。因此,运用自然主义科学的标准去衡量包括人种志在内的社会科学研究方法是欠妥的。再进一步而言,人种志是与文化相关的,而文化是有差别的,涉及到它的载体也是千变万化的,因而对他们的研究是极其细微、琐碎和具体差异的,而人种志就是通过鸡毛蒜皮小事的理解和解释去阐述在同一事件中他人是如何考虑,并评判其深藏的文化底蕴对其是如何产生影响的,这种繁琐的过程涉及诸多细节,而每个细节常常与个人的体验与感悟相关,只能给予分享和理解,而无法作为经典范式适用于每个人。

同时,教师作为研究者以及专家型教师的提出要求基层实践工作者充分利用自己身处课堂的优势,通过课堂教学问题的研究,实现从"教书匠"到"专家型"角色的转变。正是基于上述的问题,本书力图通过对这一方法系统的全面诠释,为教学理论工作者和实践工作者进入课堂、重视课堂,以课堂为现场而展开研究提供一套比较完善、系统的理论体系和方法技术。本书涉及的主要内容包括：人种志的缘起；课堂人种志的概念特点、原则和标准；课堂人种志的理论基础；课堂人种志对研究者的基本要求；课堂人种志研究的一般过程；课堂人种志研究时间的确定；课堂人种志研究局限性和信度；课堂人种志研究的三个最基本的研究方法，即，参与观察法、深度访谈法和深描法；课堂人种志文本的文本写作和课堂人种志的回访；课堂人种志经典案例解析以及实证研究。

最初产生此项工作的念头是与硕士期间所开设的多元文化主义课程相关的，而形成此书的思路并展开系统的研究则是在博士期间。在研究期间，在兰州参加了第一次全国教育人类学会议，聆听了国内著名人类学专家关于人种志的真知灼见，使我受益匪浅，也奠定了我从事此项研究的信心。在石河子大学工作后，师从于陈向明教授的宋改敏博士对质性研究所表现出的极大热情深深感染了我。她不仅将质性研究引入硕士研究生课堂，而且在和他人交流时，总是提及质性研究的种种好处，并且在石河子大学就质性研究进行了多次演讲，在她的带动下，也激发了其他老师以及硕士研究生对质性研究了解的热情。基于上述的原因，引发了我将此书付梓出版的愿望。由于诸多因素的影响，本书还存在着不尽人意的地方。因此，本书存在的各种问题都归结于本人。

在从事此项研究工作中，我的导师王鉴教授对本研究的内容及结构提出了宝贵的意见，我的爱人李茹女士以及我所带的硕士研究生张婷婷、司燕文、李志鹏、王祺、康阳阳、夏明、霍晓丹等对本书提供了必不可少的协助工作。我的同事郝路军同志尽管在南京师范大学读博，但一直对本书的出版非常关注。本书出版的部分经费受到石河子大学师范学院的资助，没有他们的全力支持，这本书是很难出版的，再次深表感谢。

杜文军

二〇一三年三月二十四日

目　　录

一、绪 论

（一）研究缘起

后现代主义的产生标志着自然科学所承诺的"乌托邦"式理想的破灭,这意味着自然科学所倡导的理性价值取向和量化研究范式不再具有终极性的意义。人文科学的苏醒预示着人性的回归以及研究范式的转变。质性研究方法逐渐受到西方学者的青睐和推崇。人种志作为质性研究方法中最为典型的一种方法,也受到了西方学者的重视,并被运用到其他人文科学的研究领域。

在这一时代背景下,人种志也进入了教育研究领域。西方学者开始运用人种志进行教育研究。"人种学研究在专业教育中已成为家喻户晓之词"(斯宾勒,1982),出现了"到学校中去做研究""到课堂中去做研究""校本行动研究"等中小规模团体活动、个体活动以及活动过程"质"的方面的一股研究热潮。教育人种志研究较好地顺应了这一倾向,在方法论上表现出典型的现象学、自然主义和有机整体观的特征。在这一时期,美国学者埃迪(Eddy)、奇尔科特(Chilcott)、米德(Mead)、斯平德勒(Spindler)等人开始以学校为单位进行研究。他们把人种志引申到他们的研究和设计中,并称之为"教育人种志"、"教育研究的人种志方法"、"教育研究的人种志技术"等。

1968年,史密斯(Smith)和杰弗里(Geoffrey)采用了他们称之为"微观人种志"(Microethnography)的方法,首次把课堂的研究建立在人类学的实地研究之上,开启了教育研究中运用实地研究的传统,也标志着人类运用人种志研究课堂的肇始。

20世纪70年代初期,在西方教育界中流行一种观点,他们认为,如果假之以合适的方法,就可以了解学校生活的实体内隐深处,打开学校的"黑匣子",了解教师和学生在校期间做了些什么,而人种志无疑为这种认识提供了可能性。正是在这一认识的指导下,运用人种志进行课堂的研究呈现出雨后春笋之势。著名的例子有 D. Hargreaves(1967)、Lacey(1970)、Ball(1981)等对学生文化领域的研究,Lacey(1977)对教师社会化的研究,D. Hargreaves(1975)对教师视界的研究等。有的研究为已有的理论提供了强有力的注解,譬如 Hammersley 对教学类型的研究就丰富了 Esland(1971)过于简单的类型说,Wills(1977)对少年"草根"文化的研究就证实了 Bowlesand Bintis(1976)所提出的符应理论的缺失。随着人种志在课堂研究中的广泛应用,西方教育领域形成了一种新的研究范式——课堂人种志,并逐步发展成为一种操作性较强的方法论。

从我国教学研究的现状来看,尽管教学论是研究教学现象及其规律的一门科学,这个结论几乎成了所有教学论教材或著作的共识,但研究者更多的时间是在书斋、图书馆、教室中做学问,研习着各种教育学的理论问题,熟悉并学会用逻辑去思考,娴熟地使用二手资料分析技术。此外,一些在中小学进行的教学实验在相当程度上远离基层民众的文化环境、文化需求和文化底蕴;一些教育专家常常只站在指导的位置上,只要求按照自己的思路开展研究、进行实验并以此验证自己所设想的"教育理论体系"。在这类教育研究的过程中,很少存在研究者以平等的身份、长时间亲身参与、多处观察社区及农村基层教学活动的研究方式。在教育的比较研究方面,建立在教育研究者长期亲身参与、观察和调查基础上的国内民族教育的比较研究成果还比较少见,而对于国外教育经验不适当的观察和运用,至今并没有在我国教育界销声匿迹。

这种研究不是从鲜活的课堂教学实践中研究教学与探讨教学规律,而是从遥远的、异域的、思辨的文献资料中研究现实中不存在的教学理论。这种研究态度和方式导致了本土教学领域存在众多的问题。其一,教学论的危机。这种"扶手摇椅"式研究不仅使教学论这门学科远离了它的教学场域,成为一门"空中楼阁"的学科,而且招致了许多批评,并触发了教学论的危机。其二,教育教学理论缺乏学术性和理论指导意义。由于一些教育理论研究者缺少长期深入的基层调查,在涉及国内某一地区教育教学基本数据和问题时,只能依靠当地教育行政机构提供,一些基本概念和观点因此也会受到某些教育行政官员的影响。由于缺乏具体、实际、丰富的第一手资料,结果的真实性不仅大打折扣,而且造成了上百种如《教育学》一类形式的专著,内容如出一辙,难以创造新的理论成果。其三,教学理论本土化的缺失。由于研究者忙于国外教学理论研究成果的引进、借鉴和推广,不仅忽视了我国长期以来所形成浓厚的教学思想和文化积淀,也疏于将中西理论加以紧密地整合,不仅导致我国教学论缺乏个性,沦为西方教学论的附庸,难以在世界教学论范围内拥有平等的对话权,而且也使得国内研究者缺乏自信。其四,教学理论与实践相脱节。由于教学理论的过多移植,不仅使教学理论远离教学实践,难以有效地干预实践,而且使教学实践拒斥理论,形成教学理论与教学实践互不交融的局面。

随着我国学者对上述研究思路和方法的反思与批判,教学论开始"回归原点"。同时,受国外的影响,质性研究得到较快的发展,人种志研究方法也在我国得到一定的重视。然而,从搜集资料的情况来看,在我国,运用人种志进行课堂研究仍然处在萌芽阶段。

（二）研究目的与意义

研究本课题主要有以下几个目的:其一,试图为研究者提供运用人种志进行课堂研究的基本思路,引起其他研究者对这一方法的关注,以便通过不同研究者来检验其理论与方法,发现其优点和缺点,对其进行修改、补充、完善,从而实现这一方法的本土化。其二,试图为研究者提供一种比较系统、完整、带有鲜活案例且充分体现人种志意旨和精神的方法和指南。其三,通过人种志理论与方法的介绍,使研究者了解人类学的基本知识,掌握一些利用人种志进行课堂研究的基本方法、技巧和要求。其四,鼓励更多的研究者运用人种志方法进行课堂研究。其五,最为关键的是通过课堂人种志方法的研究,能够有助于解决课堂实践中存在的问题。课堂人种志研究中获得的成果将成为教学发展中最有用的资料被保存下来,成为最具参考价值和真实反映时代发展的教学资料。

本课题研究具有以下几方面的意义:第一,通过对课堂人种志方法的研究,引发人们对这一方法的关注,从而使课堂人种志真正成为一种有助于解决课堂问题的重要方法。第二,课堂人种志方法的研究有助于研究者运用人类学的方法去研究课堂,从而获得其他方法难以取得的真实、客观的效果。第三,课堂人种志方法研究对研究者的职业道德、伦理道德和业务素质提出了较高的要求,这无疑会使研究者加强自我道德修养和提高自身的学术道德水平。第四,课堂人种志有助于加强研究者与被研究者的联系与互动,增加彼此的信任感,改变以往教学理论与实践脱节的状况。第五,课堂人种志有助于实现教学研究范式的转变。教学研究不再依赖逻辑推理来进行,而是从教学现象发生的原点——课堂出发,在参与观察和深度访谈中获得第一手资料,并与文化背景联系来加以分析阐释,从而使研究具有鲜活的生命和时代意义。第六,课堂人种志有助于实现教学研究观念的转变。教学过程是文化相互影响、传递、整合和创新的过程,课堂文化是整个社会文化的一部分,二者彼此作用、相互促进。因此,课堂人种志不仅仅研究课堂呈现的现象,而且透析现象来揭示影响教学的障碍性因素。第七,课堂人种志实现了教学研究对象观的转变。教师与学生不是孤立的个体,而是与文化有密切的关系。教学研究应该把教师和学生置身于文化背景下进行研究,并以此提出相关的对策和方法。

(三)文献综述

1. 国外文献综述

在国外,早期的课堂人种志是与教育人种志纠葛在一起,直到 60 年代末,史密斯和杰弗里首次把一项对班级过程的研究建立在人类学实地研究之上,课堂人种志才作为一种独立的、新的研究范式得以出现,逐渐发展成为一种操作化很强的技术性方法论体系,并形成众多的课堂研究领域。

(1)课堂权力关系的研究

20 世纪 70 年代晚期到 80 年代初,西方教育界存在着一种谴责教育再制社会不平等的潮流,围绕“知识与控制”“课堂控制”等主题,课堂研究者发表了各自的看法。一些研究者阐述了教学是如何通过其空间与时间的组织对课程知识进行选择以及对居统治地位的文化与语言进行传递,有效地维持着阶级的“边界”。主要代表人物及其著作有美国鲍尔斯与金蒂斯合著的《资本主义美国的学校教育》,欧洲伯恩斯坦(Bernstein)的《阶级、符号与控制》,布迪厄(P. Boudieu)与帕森斯(Passeron)的《社会的再制:教育与文化》等。一些研究者在论述教室中存在的社会控制与社会选择的同时,揭示了课程、课堂教学——看似中立的学校知识场已成为不同利益群体的“角逐场”,文化实践中包含着权力斗争,教学中充满着不平等与压迫,如鲍尔斯与金蒂斯 1976 年提出的“符应原则”与莫尔(Moore)的《符应原则与马克思主义的教育社会学》。在这些论述的基础上,一些人提出了改革课堂权力关系的策略,如内尔·凯迪(Neil Cady)在她的《课堂知识》中认为,如果按能力和知识进行等级分类的话,那么对于工人阶级儿童在教育上的失败所提出的许多补救措施将是无效的。英国的 M. F. D. 扬则在《知识和控制:教育社会学的新方向》一书中主张从阶级利益和群体利益的角度研究教学内容。

(2)课堂研究者立场的研究

20 世纪 80 年代后,随着女性主义与种族研究者的活跃,同时受后现代主义人种志的影响,课堂研究的主题开始转向对研究者身份、立场的关注。赖塞尔(Lather)将之称其为"女性主义人种志研究"。这种研究赋予教学性别视角与框架,认为课堂场域极大忽视着女性独特的经验,在教学目标、评价以及课程与知识上,教学都再制着男性与女性的隔阂与对立,男人的指标成为人的常态指标,女性在此指标体系下居于劣等。研究者提出,传统客观知识支配下的认识论认为,知识与认识者自身的位置无关,知识是外在的、等待被发现的事实。这种知识观不仅使教师失去了对教学环境的基本控制,矮化为技工,也造成了课程与教学远离教师与学生的具体生活。为此,这种观点主张去立场化、去价值化、去情境化,排除来自不同立场的声音,并认为知识是建构出来的,目的在于让沉默的、受压迫的人发出声音来,让研究者回到研究中,即无论研究过程还是理论假设,都要体现人的情感、人的思想。

（3）关于课堂对话的研究

20 世纪 80 年代后期到 90 年代,一些课堂研究者将研究的视角转向课堂师生的话语行为。如兰德斯尔(Landsheere)和巴耶尔(Bayer)把教员的课堂活动作为研究对象,分析教学过程中教员的话语行为,并把在教学过程中教员的不同作用作为分析和研究问题的基本点。辛克莱(Sinclaire)和库达尔(Coulthard)则把教师与学生间的课堂话语交往作为研究的对象,研究的内容没有局限于语句,而是语言现象,以此来分析话语的层次结构。针对辛克莱和库达尔的研究,尼车兹(V. Denucheze)认为他们持有的研究方法存在三种弊端:首先,纷繁的话语现象增加了话语分析的困难;其次,该种方法研究的对象集中表现在教师话语行为上;再次,教师在课上表现出的言语行为有时是很难进行描述的。为此,他把教师的话语行为划分为四大类,即诱导式语言、解答式语言、信息式语言和评估式语言。

（4）关于师生互动行为的研究

从 20 世纪 60 年代到现在,一些国外课堂研究者针对课堂师生行为做了连续的研究,如美国学者弗兰德斯(Flanders)提出了互动分析系统(Interaction Analysis System)。它主要由三个部分构成:①描述课堂互动行为的编码系统,主要是对师生的言语互动的研究,将课堂的言语活动分成十个种类;②观察和记录编码时,主要采用时间抽样的办法,在指定的一段时间内,研究者每隔三秒钟依照分类表记录最能描述教师和班级言语行为种类的相应编码,记在相应的表格中;③对得到的900 个数字进行数学处理,采用的方法包括矩阵分析和曲线分析等。该系统的目的就是在课堂观察的基础上,通过一种课堂行为分析的技术,记录和分析课堂中师生语言互动过程及影响。戴维·哈格里夫斯(David Hargreaves)在分别考察教师和学生定义的基础上分析了教师与学生的行为关系,他认为在教师和学生的定义一致的地方,就存在一种和谐的气氛,而当他们双方的定义不相容时,则产生一种不和谐的气氛。他在《课堂上的异常行为》一书中提出,"预先测定"是了解学生的一种方法。随后,夏普、马丁·哈默斯利(Martyn Hammersley)、哈格里夫斯、赫斯勒(Heser)和米勒等对课堂纪律、组织和内容所呈现出的师生关系进行了研究。萨拉·德拉蒙特(S. Delamont)在著作《课堂上的相互作用》中谈到了课堂行为的参与性。维伍·弗朗(Viv Furlong)认为教师并非总是与学生和谐相处或总是与学生对立,对学生来说,课堂情境的意义不断变化,学生的行为举止也随之变化。伊文思(Evans)认为,教师要做出适宜的反应就需要准确判断学生行为的程度,必须综合考虑学生行为的适宜性、强度、学生意图和偏离特定情境的程度等综合因素,学生的行为具有明显的情境性,教师是否进行干预往往是对行为、学生和特定的时间地点等综合判断的结果。

(5)学生课堂不良行为的研究

20世纪90年代,一些课堂研究者将研究的目光集中在对学生不良行为及其产生原因的分析与说明。有的研究者从学生角度探讨了学生课堂不良行为,如伯顿(Burden)将学生在课堂中的不良行为分为个体水平和集体水平两大类,并做了详细的描述。有的研究者探究了学生不良行为产生的原因,如波里奇(Borich)根据行为后果的严重程度将学校纪律问题分为轻度、中度和重度三个级别,并且指出绝大多数学生的不良行为是相对轻微的,大多与课堂中的注意力、课堂纪律的控制和完成作业的情况有关。伊文思在总结大量相关研究的基础上指出,学生的不良行为是生理因素、物理因素和心理因素综合影响的结果,其中生理因素主要指学生的健康状况(疾病、营养不良、睡眠不足等)、身体缺陷(视觉、听力异常等)和神经功能异常。德雷库斯(Dreikurs)在其所倡导的目标导向干预模式中把学生的不良行为动机分为四种:寻求关注、炫耀权力、报复和表现无能。教师的措施是否有效,取决于他能否区别并查明学生的真实动机,帮助学生理解自己的动机并教给学生以合理的方式满足自己的需要。还有一些研究者从教师角度论述了学生不良行为产生的原因,如马龙(Malone)和利科特(Ricket)在对美国肯塔基州2000个教师的调查中发现,教师认为学生捣乱的主要原因是:缺乏社会技能训练(93%)、家庭生活贫困(93%)、课堂的乏味(90%)、师生比(87%)、在维持纪律时缺乏行政支持(87%)、规范不清楚(85%)以及处理捣乱行为时教师的行为缺乏连续性(79%)。

埃默尔(Emmer)和埃佛特森(Evertson)发现,教师的一些不恰当的行为往往在无意中制造了某些纪律问题,如教师工作消极、专制型管理方式、对问题反应过度、过多惩罚责备、不给学生明确的目标、过多地重复学生已经掌握的内容、不能准确识别学生的能力水平等。

(6)教师维持课堂纪律方式的研究

在 20 世纪 90 年代,一些研究者运用课堂人种志对教师维持课堂纪律的方式进行了研究。莱文和诺兰把教师对纪律问题的处理方式按教师的控制程度划分为教师高控制、师生共同控制和学生自主三种类型。伯顿将教师的方法按其严厉程度分为轻微、中度和重度三大类,并分别列举了各类所包括的具体方法。教师对纪律问题的轻微反应是非强制性的,主要针对学生在课堂中出现的程度较轻的不良行为,如小声说话、递纸条、心不在焉等,教师的反应可以是非言语性的,如有意忽略、提醒、接近控制、接触控制等,也可以是言语性的,如强化他人的好行为、叫名字、幽默技术、说出教师的感受、言语责备等。施里格利(Shrigley)考察了 523 种分心行为,发现其中 40% 可以用非言语反应的方式予以纠正。布洛菲(Brophy)的研究发现,最富成效的教师往往使用那些干扰性最低的描述性方法处理问题。当教师的轻微反应不足以制止学生的行为时,中度甚至重度严厉的措施也是必要的,这主要指各种形式的惩罚,包括收回积极强化物或期望刺激,也包括增加厌恶刺激,常采用的方式有收回特权、写检讨书、隔离、滞留、叫家长、到校长室、情境性过度矫正和积极练习性过度矫正以及体罚等。大量证据显示,惩罚可以控制行为,但并不能教给学生好行为,因此惩罚本身并不能解决问题,其强制性也会给学生带来不同程度的负面影响,故只有在必要时才可使用。

除上述研究领域外,一些研究者还涉及课堂教学改革与文化变迁、课堂教学规模与文化、课堂教学中的文化适应、课堂教学改革与传统文化影响、课堂教学与民族文化、文化与学校课程、文化统一性与课程设计、多元文化社会与多元文化课程和教师课堂用语等领域。一些研究者则介绍了观察、描述、反思、理解和解释课堂行为的方法,并提供了实用的课堂教学管理策略,即提高学生兴趣和帮助学生成长的策略,如美国古德(Thomas L. Good)和布罗菲(Jere E. Brophy)合著的《透视课堂》。一些研究者则长期扎根在课堂之中,与学生和教师运用参与观察的方式就创造学习、合作学习、综合课程等领域进行了探讨,如日本佐藤学所著《静悄悄的革命》。这些无疑推进了课堂人种志研究方式逐步地完善与成熟,也成为其他研究者运用这一方法进行课堂研究可供借鉴的经典巨著。

2.国内文献综述

尽管我国一些学者已经大量运用人种志这一基本方法,针对教育教学理论或实践存在的问题进行了研究,并且出现一些比较典型的课堂研究案例,但对这一方法的探讨仍处于萌芽阶段。主要表现为涉及人种志且与课堂研究结合的书籍、论文与文章并不多,在内容上完全运用人种志或以人类学为基础,并与课堂研究相联系的期刊类文章有3篇,主要涉及合作学习的形式、实质与问题,课堂人种志的概念、研究特点,课堂观察的概念、方法、原则和撰写人种志过程中要注意的伦理道德问题。提出运用人种志或以人类学理论为基础进行研究但未明确提出与课堂相联系的期刊文章有3篇,主要涉及教育人种志研究的特征及其设计原则,教育人种志研究方法的内涵、原则、评价、信度与效度,访谈法的意义、作用、特点、理论基础、过程、注意的问题、效度和伦理道德。提出课堂观察法或在教育中说明怎样应用观察法和访谈法,但未说明是以人类学理论为基础或以人种志方法为依据的期刊文章有3篇,主要涉及课堂观察的重要性,访谈的含义、分类、准备工作和艺术,访谈中的提问原则、访谈问题的类型和运用技巧。从硕、博士论文来看,主要有沈光的《课堂教学中机会均等:一种人种志的探索》(2001)和冯跃的《藏族中学生内地教育的跨文化研究——教育人类学的观察方式》(2004),但两书主要是从人种志的视角或方法就相关的问题而展开的实证研究,并未涉及相关理论领域。以人类学理论为基础或以人种志方法进行课堂研究的代表性专著有2本,陈向明的《质的研究方法和社会科学研究》和陈瑶的《课堂观察指导》。就陈瑶《课堂观察指导》一书来看,主要涉及课堂观察的发展历史、基本特点、分类、意义,对观察者的一般要求、基本步骤、研究者的伦理问题等,在定性研究一章中探讨了定性课堂观察的理论基础、记录方式、资料分析、效度和信度、优点和缺点等。由于该书过于注重定量与定性研究的对比,因而影响了人种志研究方法在其中的分量,而且也缺乏鲜活的案例。同样,陈向明的《质的研究方法和社会科学研究》一书也基本存在类似的缺陷。

综上所述,在我国,教育研究者对人种志方法的运用相对较少,研究水平尚停留在初步引进与介绍人种志的概念和历史上,理论探讨也仅限于几本相关的书籍,既没有形成一批专业的研究人员,也鲜有系统详尽的著作问世,更不用说课堂人种志的研究了。因此,从总体上看,我国运用人种志进行课堂研究仍然处于萌芽状态。所以,本课题试图在他人研究的基础上,对课堂人种志方法进行较为系统、完整的论述,一方面促进该方法的进一步完善,另一方面更为有效地指导运用这一方法的研究者。

不可否认,在西方,课堂人种志已经形成了比较成熟的方法论体系。在这一点上,也许有人认为,只要把西方的这些成果介绍、翻译到我国来用就行了,没有什么必要再对这一方法进行探讨,即使探讨,也没有什么价值和意义,更不存在什么创新的问题。从表面上来看,这似乎是一种不错的想法和见解,然而如果深入探究一下,这种想法和见解就暴露出其不妥的一面。如果把方法作为纯粹的一种手段、工具和途径加以强调的话,它本身就是对主体与客体之间关系的一种客观的描述,回答的"是什么"的问题,自身并没有任何价值取向的意向与味道。然而一但涉及"怎么做"这一具体的操作过程,就具有了价值取向的倾向,烙上主观的印记。这主要表现为,人是社会建构的产物,是与一定社会文化背景息息相关的,不同时代的人在对同一方法理解、运用的过程可能存在差异,就是同一时代的人,也可能由于受到个体因素的制约,如文化背景、教育程度、知识结构、认知风格、经验、年龄等因素的影响,对同一方法的理解和运用也会大相径庭,即就是自然主义经验论所强调验证的方法也会由于个体理解的不同而会产生种种不同的结果,如有些人就能够做出与预设相同的结果,有些人则不然。与自然科学相比,人文科学更加强调人性,它往往要求研究者通过理解的方式去了解研究对象,这就必然使研究的方法更带有主观的烙印。众所周知,中西文化的差异很大,在教学领域内存在的问题也呈现出不同的特点,如果站在这个角度来看,在我国的文化圈子里研究我们自己的课堂人种志就显得有一定的意义和价值了。费孝通先生曾经针对我国民族志发展过程的问题,提出了本土化与国际化的要求。他认为,只有这样,才能既走出一条与他人不同的道路,又能在这一领域实现与国外的交流与合作,推动民族志理论研究的发展,提高我国民族志理论发展的水平,才能在国际多元化发展中实现"各美其美、美人之美、美美与共"。这也印证了进行课堂人种志研究的必然性。

另一方面,课堂人种志是人种志基本规范和原则在教学领域的引进、改造与延伸,是人种志方法论体系下的子方法论。显然,二者研究的对象大相径庭,而且我国课堂人种志正处于尚不完善阶段,因此,要建立具有我国独特的、本土化的课堂人种志方法论体系,既需要不断从国外课堂人种志研究中吸取有益的内容,促进自身的发展,也要通过自身的不断发展使自己日趋完善。尽管课堂人种志不是简单对人种志断章取义的拼凑,自身也存在一些难以克服的缺陷与不足,如它的效度和信度问题、研究周期如何确定的问题、观察前的理论预设问题、人种志写作中的标准、原则与方法等等都受到人们的批判与质疑,但它所强调的回归原点以及对真实性和客观性的注重都使其具有其他方法无可比拟的优点,这必然有助于改变我国教学论长期拘泥于"书斋"研究而脱离研究对象的局面。从发展的历程来看,自马林诺夫斯基创立这一研究方式以来,人种志一直处于不断发展完善的过程之中。这也就意味着,课堂人种志要不断以人种志的最新理论成果为起点,不断融入其优秀部分,而且要在研究中不断发展自身,在解决人种志存在问题的同时,形成自己的问题,并以此为契机,不断发展、完善自己。以上种种分析表明,在我国,对课堂人种志的研究显得尤为必要和有价值。

（四）研究思路与方法

本课题的研究思路主要从以下六个部分进行阐述。第一部分是绪论,主要就课堂人种志研究的原因、目的、意义、相关文献综述、思路、方法和难点做一简要的论述,说明开展该研究的可能性、必要性。第二部分是课堂人种志方法论研究,主要包括人种志的缘起,人种志到课堂人种志发展的基本历程、课堂人种志的概念及其内涵、理论基础、对研究者的基本要求、一般过程、时间确定、局限性和信度等问题。其中课堂人种志基本内涵涉及特点、原则、标准等几个小部分。通过这些方面的阐述,目的在于对这一方法论发展的来龙去脉和基本框架有所交代和说明,为随后研究的展开确立相应的基点。第三部分主要论述课堂人种志研究的三个最基本的研究方法:参与观察法、深度访谈法和深描法。主要包括各个方法基本概念的介绍、运用中应注意的问题等。尤其在深描法一节中,论述了深描法与诠释主义、深描法与地方性知识、深描法的特点以及意义,目的在于深化人们对课堂人种志这一基本研究方法的认识,以便在具体研究中有所领会和把握。第四部分是课堂人种志文本的写作和课堂人种志的回访。主要论述了文本写作的几种模式和基本要求。这一部分紧承第四部分的内容,主要说明在参与观察和深度访谈之后,如何对于观察和访谈的资料进行深描,形成具有很高价值性和真实性的文本。同时,在这一部分中,也涉及了回访的问题,它是课堂人种志研究的一个有益补充环节,目的在于提高这一方法的信度。第五部分是在课堂人种志基本方法介绍的基础上对一些研究案例进行解析,说明这三种方法在实际中研究者是怎样综合运用的,以便为其他课堂研究者提供一些经验和借鉴。第六部分是实证研究,主要通过自己的研究经历说明在实践中如何运用观察、访谈和深描,为他人提供参考。

本课题根据研究对象的特点和资料的情况,拟用资料法、归纳法、比较法、观察法、深描法和访谈法等方法。具体方法的运用主要表现在这些方面:首先,通过资料的搜集、分类、整理完成对人种志的起源、历史发展、概念、内涵、特点、意义、分类及其理论、国内外相关资料的梳理,提出课堂人种志研究的基本理论框架。其次,选取了一些典型的案例,通过分析和归纳,说明人种志在课堂研究中如何应用及其存在的价值。最后,本人通过课堂人种志的参与观察法、深度访谈法和深描法在一些课堂问题的实际应用,进一步说明这些方法在课堂研究中的意义、作用和价值。

（五）研究难点

本课题的难点有三个方面:其一,由于运用人种志方法进行课堂研究在我国尚处于起始阶段,国内相关的文献资料相对比较缺乏,这就难免给研究者的研究能力提出了挑战;其二,针对国内资料比较缺乏的现象,研究者必须要通过大量阅读国外相关研究成果,从而达到在前人相关研究的基础上有所发展、有所创意,这在很大程度上对研究者进行资料的搜集处理能力提出了很高的要求,这就难以避免资料搜集中出现挂一漏万的现象;其三,本课题要涉及研究者对人种志方法的实践应用,这对研究者本人也是一个极大的挑战。

二、课堂人种志研究的基本理论

（一）"人种志"一词的缘起

课堂人种志源自于人种志的研究方法，它必然要遵循人种志的某些规范与要求。要对这些规范和要求的价值和意义有所了解和认识，就必须对人种志产生、发展的基本脉络有一定的掌握。

"民族志"一词是英文"ethnography"的汉译，"ethnography"一词的词根"ethno"来自希腊文中的"ethnos"，意指"一个民族"、"一群人"或"一个文化群体"。从词源学的角度来看，在西方文化中，人种志一词源于希腊文"ethno"，意为民族、种族或人们，而"graphy"是描绘的意思，所以人种志是对民族、种族或人们的描述。

人种志的研究早于人类学，早先主要是对异种族、异文化的研究，自马林诺夫斯基奠定了这一研究范式后，由于这种方法所具有的特质，因而被广泛应用于其他学科，也产生了不同的名词术语，如民族志、文化志、族志学等等。

（二）人种志的发展历程

从人种志的发展来看，呈现出纵向和横向的特点。在纵向上主要表现为人种志在其内部矛盾冲突下如何演进的历程，呈现出自我发展、自我完善的特点；在横向上表现出人种志是如何与其他学科相互联系、相互作用和相互促进的历程，呈现出与其他学科交织、融合、不断改进的特点。

19 世纪末是现代人种志方法的萌芽期。第一位到原始民族中从事田野调查并以此为基础撰写民族志的学者是英国人类学家斯潘塞（Spencer），他曾与其他学者合作调查研究了澳大利亚中部的土著民族。1899 年，由英国人类学家哈登

(Harden)率领的考察队,到托雷斯海峡一带的土著民族中进行实地调查研究,成为第一个进入研究现场的人类学家。同时,在美国人类学界,也产生了相似的方法,被誉为"美国现代人类学之父"的弗朗兹·博厄斯(Franz Boas)就是这一方法的创始人和推行者之一。马林诺夫斯基(Bronislaw Malinowski)则是英国学者中最为典型的一个,他关于研究的"在这里"(being here)、"去那里"(being there)和"回到这里"(coming home)一套程序成为西方人类学田野作业的基本研究范式。根据这种方法,人类学家通常要长期居住在被调查民族的一个小社区中,通过"参与观察"(participant observation)与"深度访谈"(deep interview)这两种方法了解当地居民的生活和行为方式,熟悉当地居民的伦理、道德、价值观念及心理特征等,研究其文化个貌。在他基础之上,美国人类学家马文·哈里斯(Marvin Harris)提出了主位(emics)、客位(etics)研究方法,格尔兹(Clifford Geertz)提出了"深度描绘"(deep description)和重视"地方性知识"(local knowledge),这些理论无疑都使这一方法日臻完善。

从横向来看,自人种志产生起,由于这种方法重视研究对象的社会行为及其与整个社会文化之间的关系,具有跨学科的性质,所以又被广泛地运用到其他学科,如社会学、心理学、文学、民族学、社会学、民俗学等领域,其中也包括教育教学领域,从而形成了教育人种志和课堂人种志这两种基本完善的方法论体系。

早在 20 世纪初期,休伊特(Hewett)等人类学家就已开始涉猎少数民族学校教育方面的研究。1905 年他首先在《美国人类学家》上发表了《教育中的种族因素》一文,认为美国土著印第安人和移民儿童的学业之所以失败,主要是因为学校强迫他们学习美国主流文化所致,并提出学校应当尽力了解这些弱势族群儿童的文化背景,提供多元文化教育。

20 世纪 30 年代,一些西方人类学家运用人种志的方法,对儿童性格、养育方式以及文化传承等方面进行了研究。从 20 世纪 50 年代开始,斯宾德勒(Spindler)、索伦·金布尔(Solon Kimbal)、奥格布(Ogbu)等人开展了教育人种志研究后,教育人类学开始走上了科学的学科体系建构和成熟的道路。首先明确倡导教育人种志研究方法的学者是加拿大比较教育学者梅斯曼(Andra Masemann)。1976 年,她在《比较教育评论》上发表了《论人类学方法在比较教育中的运用》一文,提出了以人种志方法为蓝本的"学校人种志"(School Ethnography)。接着,伯恩斯坦(Basil Bernstein)沿用人种志方法,从研究人如何运用、教授和学习语言,以及语言怎样被某一社会阶层利益牵制的角度,分析学校教育。帕普内克(Papanek)和斯特罗姆奎斯特（Stromquist）等人则研究了社会等级和性别。随着社会科学研究的多样化，尤其是西方"以人为本"研究倾向的逐步加强，注重学校、课堂等中小团体活动、个体活动以及活动的质的方面受到人们的青睐。在这一背景下，西方开始摆脱实证的研究设计和方法论的支配，转向诊释的、人种的或质的研究，不仅教育人种志较好地适应了这一需求，课堂人种志也得到了很大的发展。

可以说，从人种志到教育人种志再到课堂人种志，这一发展历程体现了研究范围、对象逐步微观化的过程。

（三）课堂人种志概念的界定及其内涵

1. 课堂人种志概念的界定

（1）人种志概念的界定

人种志概念有狭义和广义之分，由于视角不同，研究者对人种志狭义和广义的区分存在着两种截然不同的观点。一种观点认为，狭义的人种志是指由马林诺夫斯基创立的通过实地调查而得出的对异民族的描述，是观察的结果。广义的民族志定义则采用了《写文化》里的说法，是指对异民族的社会、文化现象的记述，希罗多得对埃及人的家庭生活的描述，旅行者、探险家的游记，那些最早与"土著"打交道的商人和布道的传教士以及殖民时代们关于土著人报告，都可以归于民族志这个广义的文本。这样的分类主要基于两大因素：一是在风格上的异国情调或新异感；二是表征着一个有着内在一致精神的群体（族群）。

另一种观点认为，狭义的人种志是指一种文本形式；广义的人种志则是包括文本在内的方法论体系。相比而言，后者反映了当代大多数研究者对人种志的基本看法。

①狭义人种志

有人认为，所谓民族志，一般是指研究者对某一社区、族群或民族的文化所做的描述或解释的文本。把关于异地人群的所见所闻写给自己一样的人阅读，这种著述被归为民族志。研究民族志是人种志研究的主要方法之一。

②广义人种志

人种志又称民族志、俗民志、族志学等，是人类学特有的一种崇尚客观和描述的定性研究方法。根据《牛津英语大词典》中的解释，人种志主要是对种族或人们的风俗、习惯及相互间的差异性进行科学描述。克雷兹韦尔（Creswell）和马文·哈里斯（Marvin Harris）认为，人种志是对某一文化、社会团体或制度的描述和诠释。在研究中,研究者对该团体察觉得到的和习得的行为模式、风俗和生活方式进行考察,并解析其与文化中的人、事、时、地、物各因素之交互影响过程。人种志是文化人类学特有的一种研究方法,着重指研究者深入异文化性质的田野从事调查研究、描述文化或人类行动的过程。

人种志是人类学研究的主要方法,指人类学家在一个研究现场中通过田野工作详细描述、说明所观察到的现象和文化,最后归纳出一定层次的理论或做出相应解释的研究方法。人种志既可指进行田野工作、做田野笔记的过程,以及在这一过程中使用的方法;也可指根据田野工作获得的资料和撰写的研究成果。

民族志作为一种经典的研究手段和学术范式,是由马林诺夫斯基的代表作《西太平洋的航海者》所奠定的,是把田野作业、理论和民族志三者相结合的范式,包含完整的规范。而由他所创造的"参与观察法"则成为民族志方法体系的核心内容。从马林诺夫斯基以后,民族志既可以指涉一种特殊的学术研究方法,又可指涉运用这种方法而取得的研究成果———一种特殊的文本形式。

人种志是指对人以及人的文化进行详细的、动态的、情境化的描绘的一种方法,探究的是特定文化中人们的生活方式、价值观念和行为模式。人种志研究是人类学传统中的一种特殊研究类型,选择人种志研究是因为它清楚地表现了理论的关系、研究者的角色、研究计划的特征,它代表了一种独特完整的研究范式。这一研究范式区别于社会研究或教育研究的其他传统方法,如哲学推理、历史分析、调查研究或实验研究等。作为经验研究,人种志研究的范式既不同于"验证性"经验研究,不事先提出明确假设,也不像行动研究那样采取局内人的立场参与现实的变革。人种志就是建立在个人经验基础上的个案研究,反对那些毫无个人经验的宏大叙事。也就是说,研究者的研究范围和研究对象必须是他能够亲眼观察到的、亲身体验到的和亲自了解到的。

民族志的基本含义是指对异民族的社会、文化现象的记述。人类学的民族志及其所依托的田野作业作为一种组合,成为学术规范,后来为多个学科所沿用。民族志既是社会科学的经验研究的一种文体,也是一种方法,是人类学家对某地或某族群的社会和文化的全面描述,是人类学家对田野调查工作和调查所得材料的一种思索性呈现。

马尔库斯(George E. Marcus)和费彻尔(Michael M. J. Fischer)则详细论述了人种志的本质,他们认为由马林诺夫斯基开创的人种志研究将先前主要由业余学者或其他人员在非西方社会中进行的资料搜集活动,以及由从事学术理论研究的专业人类学者进行的理论建构和分析活动结合成一个整体化的学术和职业实践，并就此认为人种志是这样的一种研究：首先，人类学者周密地观察、记录、参与异文化的日常活动，他们从事的这些活动被称为田野工作，他们的方法也被称为田野工作法；完成田野工作之后，人类学者以详尽的笔调描述、说明所观察到的现象和文化，他们的描述成为学者和其他读者据以了解人类学者的田野工作、异文化的情况以及民族志工作者的个人反省和理论观点的途径。

对人种志本质内涵解释最经典的莫过于格尔兹了。他在代表作《文化的解释》中指出，人类是被自身编织的网悬挂的动物，文化就是这样的一些网，因而文化的分析不是寻求规律性的实验科学，而是寻求意义解释的科学。格尔兹认为，研究者的工作就是选择一项引起他注意的文化现象，然后以详尽的描述去充实它并赋予说明性，以便告诉他的读者理解他所描述的文化的意义。他认为研究者应该通过民族志对选定的文化进行描述和解释。这种民族志描述有如下几个特征：第一，它是解释的；第二，它解释社会过程的变迁；第三，解释包涵濒于灭亡的东西；第四，这种描述是细微的。对于如何解释，他说："任何事情（一首诗、一个人、一种礼仪、一个制度、一个社会、一段历史）的一个好的解释是我们理解事情的中心。"他指出，人种志基本上是将文化当成系统来研究，这个过程也是一种人为的认识过程，并认为，文化要素不能脱离了它的社会文化系统来孤立地加以解释，而只能将它放在原来的上下文中，从它相对于其他要素的联系和意义上来解释。对文化的研究就是要求研究者像被研究文化中的人那样去理解其文化，也就是要弄清楚被研究者自己对自己的文化究竟是怎么想的。

（2）教育人种志概念的界定

教育人种志属于人种志微观研究领域的一种方法论，它沿袭了人种志本质与基本内涵，并且由于研究对象的不同，历史环境、社会文化背景、认识角度等不同，研究者对它的界定也有差异。

教育人种志既不是一门学科，也不是一个研究领域，它是一种以参与观察和整体性研究为主要特征的描述性研究方法。一般人们将教育人种志研究定义为：提供对特定情况下的教育制度、过程和现象的科学描述的过程。

教育人种志是一种自然主义的、观察性的、描述性的、背景性的、开放性的和深层性的研究方法。教育人种志的概念核心是：参与观察、实地调查研究和对调查做出公正的客观描述。

（3）课堂人种志概念的界定

陶李刚和高耀明认为,课堂人种志研究基本上是由发生在课堂中的事件的描述组成,特别是有关教学组织过程中师生的行为以及这些行为在课堂文化中的意义解释。它是以教师和学生个体行为的文化蕴意为基础的,它既用于对课堂现象原始材料的记录,也用于这些材料的意义解释,是描述性的和解释性的。课堂人种志的意义不仅在于对某一具体文化背景下的课堂现象进行深描,寻找恰当的解决方案,还能防止直接搬用特定异文化条件下产生的理论进行平面化分析,即用单一理论文本解释不同地域的教育现象。

王鉴教授则将课堂人种志简称为课堂志,他认为所谓课堂志研究就是教学研究者对特定的研究场域中的教育制度、教育过程和教育现象的科学描述过程。课堂志研究者要全面深入地描述所研究对象的课程实施与教学活动,就必须深入到研究对象之中,直面研究的现象,或探究其发展规律,或进行合理的解释与说明,进而将自己的发现和体验用微观方法进行描述、归纳和分析,这就是课堂志的撰写。也就是说,课堂人种志以课堂教学现象作为研究对象,注重考查那些有助于了解课堂文化或师生个体文化十分重要的内容,如课堂组织、课堂管理、教师专业发展、课程资源的开发、学生合作、师生互动及其关系等存在于课堂的各种现象、事件以及行为。

从人种志、教育人种志以及课堂人种志概念的解释中,我们认为课堂人种志既不是一门学科,也不是一个研究领域,而是探究特定课堂文化背景下师生教育信念、价值观、行为模式和职业特征的一种方法,具有极其丰富深厚的蕴涵。

第一,课堂人种志是教学论与人种志"联姻"的一种方法,属于微观的人种志研究。它清楚地表明了资料与理论之间的关系、研究者的角色、研究计划的特征,代表了一种独特完整的研究范式,亦有较为严密的研究程序。它研究的主要视点在于课堂发生的各种现象、事件与行为,但并不排除课堂之外对研究现象理解有益的其他现象,以便更好地解释课堂出现的种种问题,如学校的各种例会、教研组活动、年级会议、各项比赛活动等;在民族地区,研究者还要通过各种民族风俗活动的参与,如传统节日或宗教活动等来考察传统文化是如何在日常生活中实施教化和加以传承,从而了解课堂现象发生的文化折射。课堂人种志的研究资料不仅可以为其他人员的研究提供某种研究的脉络,而且扩大其他研究人员对研究结果的解释范围。

第二,课堂人种志是一种方法论,一种研究范式,它不仅具有自身独特的内涵、特点、原则、理论基础以及具体实施的要求规范和方法等一套比较成熟的程序化操作流程，而且包括彼此联系、彼此交叉、相互衔接的三种具体方法，即参与观察法、深度访谈法和深描法。参与观察就是研究者尽力通过自己的观察，客观真实地将课堂现象加以呈现并发现问题的过程。当研究者对某一现象存在疑虑或寻求根据的时候，就不得不通过深度访谈，与被研究者展开一对一的对话，了解这些现象产生的深层文化意蕴，而不是根据主观的理解、猜测做出说明。当然，深度访谈也并不是始终追随参与观察。不仅参与观察会产生问题，深度访谈也会产生问题，而它产生的问题也需要通过参与观察来检验。所以，二者并不仅仅是前后相承的关系，而是彼此补充的关系。在观察与访谈中，研究者可以根据参与观察和深度访谈的资料，通过深描的方式对课堂现象、事件和行为做出分析和解释，揭示隐匿其后的社会文化内涵，最终形成"我在描述他们、创造他们"的文本。因此，课堂人种志是参与观察法、深度访谈法和深描法三位一体的方法论，缺失任何一方，这一研究范式就会流于形式。

第三，课堂人种志不是毫无个人经验的宏大叙事，而是建立在个人经验基础上的个案研究。课堂人种志不是直接套用普世文化或知识，即用所谓权威的、公认的教学理论去解释课堂文化现象，而是在对特定制度、特定文化背景下课堂教学现象观察和访谈的基础上，发现问题，寻求恰当的解决方案。也就是说，研究者的研究范围和对象是自己亲眼观察到的、听到的、体验到的，文本的撰写和理论的建构都必须建立在这种经验基础之上，从而改变以往从上而下建构教学理论的模式，形成一种从下而上建构教学理论的新模式，彻底摆脱理论研究者高高在上，教学实践者停留在与教学研究无关、被动、被人支配的局面。当然对于一项具体的研究工作而言，并不是每次都需要建构一种理论，而是每一次研究或文本都对某种教学理论的建构有所贡献，是在不同地区、不同文化中的课堂研究和文本作品的基础上建构的。

第四，课堂人种志通常将一个课堂或师生中的某一个体作为研究对象，重点考察那些对于理解课堂文化与个体行为文化十分重要的部分，如课堂气氛、师生关系、教学风格、课堂组织等。为此，研究者必须深入到课堂进行实地研究，直接收集第一手资料，如果不断地对课堂的人和事进行资料收集，有关信息到一定时候会达到相对饱和状态，便可从中找到某些共同的研究要素。也就是说，课堂人种志研究是由发生在教学组织生活中的事件的描述组成，特别是有关教学组织中成员的行为以及这些行为在课堂文化中的意义解释。课堂人种志研究是关于活动过程的研究，是以教学组织结构和教师、学生个体行为的文化蕴意为基础，它既用于教学原始材料的记录,也用于这些材料的意义解释。

第五,课堂人种志方法充满着人本关怀,主要表现为研究者与被研究者的关系不是权力支配的关系,也不是相互利用的关系,而是一种在平等基础上彼此之间的友好合作关系,是相互理解与相互开放的道义关系,是二者围绕某一主题相互交流而产生的关系。

2. 课堂人种志的内涵

(1)特点

王鉴教授认为,作为逐渐成熟的课程与教学研究的方法,课堂人种志具有四方面的基本特点:

第一,课堂人种志研究是质性的。

第二,课堂人种志研究是直观的。这包含两个方面的含义:一是课堂人种志研究排斥单纯抽象的概念、空泛的语词以及泡沫式的理论复制,而是通过观察课堂场域中教学活动的现象来探究教学规律和解释、理解教学活动;二是课堂人种志研究排斥传统的成见、固守的教条以及不可超越和变迁的教学理论,而是通过回归真实的教学生活去发现并发展新的理论。

第三,课堂人种志研究是描述性的。课堂人种志研究一般是通过对个案进行独特性和复杂性的探讨,追踪教学活动产生、演化和发展的全过程。"深描"是课堂人种志研究的重要特点。为了将研究者在现场的观察结果与体验过程直接而真实地表达出来,课堂人种志研究就要将一些能够表达独特关系的情境与背景深入细致地描述出来,以加深读者的印象和理解。"深描"的目的是要尽量让读者了解真实的情况,感受真实的课堂教学情境和体验存在的课堂教学过程,使读者分享研究者的感受,促使读者关注和思考这一问题,进而争取他们对研究者观点的认同与支持。因此,课堂人种志能不能有这样的效果,完全取决于研究者能否将现场的观察与体验"深描"出来。"深描"是建立在课堂观察的第一手资料基础上的,通过"深描"呈现教学现象的复杂性与人文性。透过这些现象的"深描"并不一定发现什么普遍的教学规律,但它能让研究者和教学工作者更加有效地了解和把握教学过程。

第四,课堂人种志研究是微观的。在结束了课堂的真实观察之后,研究者就要以一定的叙述框架阐述课堂参与观察的体验与发现,即撰写课堂志。与宏观的分析不同,课堂志的撰写采用的是较为微观的课堂教学整体描述法。

毫无疑问,这种观点从课堂人种志的研究性质、文本撰写等方面对其进行了归纳与总结,具有一定合理性,但除上述特点之外,课堂人种志还具有以下这几方面的特点,即研究的无预设性、研究视角的整体性、研究情境的自然性、研究程序的弹性化以及研究策略和技术的多元化。

第五,研究的无预设性。课堂人种志这一研究范式不同于教学研究的其他方法,如调查研究和实验研究,尽管二者也强调观察,但它们对观察的要求与课堂人种志存在本质上的差异。调查研究和实验研究的预设在前,观察在后,研究者常常预先设计一个特别的框架收集资料,并按照一定规范或要求对收集到的资料进行处理,随后的研究工作要紧跟研究设计所预订的轨道,基本过程就是假设与验证重复的过程。课堂人种志则观察在前,预设在后,研究者不是按照一定的框架来收集所需要的资料,而是仅仅出于职业的敏感性,在对课堂场域中某一现象疑惑的基础上产生、衍生假设。当原有假设被证明并不为假设时,研究者也可以随时提出另一个假设。前者的结论只具有统计意义上的合理性,是一种传统归纳主义理论,即所验证的假设是从大量案例中抽象出的某个变量的概括。后者则是从松散的或不明确的设计出发,研究的真正设计是在研究过程中完成的,并且研究设计在研究过程中可以被不断地修正和调整,研究者在一个阶段上的理解会导致在新的阶段的设计调整。同时,研究者可以保留收集资料过程中产生的假设,并乐于放弃随后收集到的资料不予支持的假设。因此,研究设计是贯穿于整个研究过程的连续性努力,这与验证性研究中事先设计好研究的变量、过程、手段等有明显差别。前者认为调查研究工作有其累积性和经验性,现在的研究是在以往调查研究的基础上进行的,因此不必每次调查都从头开始,面面俱到,只需集中收集相关资料即可;而课堂人种志在进行一项新的调查时,通常假设自己对研究对象一无所知,必须通过一点一滴的实地研究,才能占有详细的资料,否则,研究工作就被认为不够扎实。此外,前者实验研究中的行为是不具有完整情景的行为,因为它是在实验室而不是在自然情景中发生的对一种行为进行的研究,而后者是在自然情境下展开的研究,因而行为具有完整的情境性,一旦离开具体的教学情境,行为就可能被误解。

第六,研究视角的整体性。课堂人种志研究不是仅仅将课堂中呈现的各种现象加以描述,或把一个课堂分解为若干变量或元素,逐个对变量或元素进行研究,而是考虑研究场域中教师、学生在整个系统中的位置、关系与意义,进行文化的诠释,一旦脱离了课堂这一场域,从较为宏观的文化背景去解释个体行为,所有的研究就会缺乏依托而变得毫无意义,也必然削弱研究本身的科学性。课堂人种志研究整体视角的观点反映了一个假设,不同学校不同课堂的教学信念、价值观念和行为规范是在不停地发生变化,但这些变化无不是与一定文化背景息息相关,折射出它们的要求与规范。马林诺夫斯基说:"我们能够接受的民族志作品的第一个条件,当然是它必须讨论某一社区所有社会、文化、心理层面的整体,因为这些层面极为紧密地交织在一起,要了解一个层面的话,就不能不考虑到所有其他层面。必须详细无遗地研究部落文化的每一面。每个可见的一贯性或法则和秩序也促使诸面结合成一个融合的整体。"因此,研究者不能仅仅停留在课堂中,停留在对课堂现象的观察、访谈和分析中,而是要深入观察点的各个系统并参与其中,从而对课堂呈现的符号现象行为进行文化底蕴的分析,而不是就事论事,将课堂存在的问题简单归结于教师、校长、学生或者家长。

第七,研究程序的弹性化。课堂人种志研究不采用严格的实验设计和正式的访谈,也不使用标准化的研究工具,它的研究程序极富弹性。研究者设计研究计划时,问题的形成及其定义是可以随时加以修正的,研究的步骤也是非直线的过程,资料的搜集和分析是可以同时进行的。资料的分析不是在支持或拒绝假设,而是在资料搜集的过程中发展概念和理论。

第八,研究情境的自然性。课堂人种志坚持自然性原则,即不仅它的研究是在课堂这一自然情景中进行的,而且所有的资料也是通过自然的方式加以收集,并要求所有的资料都必须在收集的课堂和教学情境中得到解释。因为只有在事件发生的地点和情境下,描述的意义才有可能被建构、使用和推广。如果没有在情境中收集、解释代表行为的数据,那么所搜集的资料就不能称为资料,也不能代表行为的内涵。研究总是在某一自然情景中进行的,如一个教室或课堂。研究者应在自然情景中观察发生的事情,并且尽力避免对研究的情境抱有偏见和预设,避免受其他研究者的影响。如费孝通先生曾举过这样一个例子:他的同事中有些孩子送进了乡间的小学,在课程上这些孩子样样比乡下孩子学得快、成绩好。教员们见面时总在家长面前夸奖这些孩子聪明。但是有一天,他在田野里看放学回来的小学生们捉蚱蜢,那些"聪明"的孩子,扑来扑去,屡扑屡失,而那些乡下孩子却反应灵敏,一扑一得。这说明,如果对课堂现象和行为不坚持自然的原则,就可能受到主观经验的影响,从而得出错误的结论。

第九,研究策略和技术的多元化。课堂人种志是以参与观察法、深度访谈法和深描法为基本特征的方法论体系,但并不排除各种量化研究方法的介入,当然也包括其他质性的研究方法,如抽样法、问卷法等,课堂人种志对于这些方法采取了一种开放的态度,积极吸纳它们的长处,并根据研究目的的不同而在具体细节上有所选择、有所偏重。在这一点上，早期的人类学家为我们提供了切实可行的范例。如泰勒(E. B. Tylor)、霍布豪斯(L. T. Hobbouse)以及默多克(G. P. Murdock)等，曾在不同程度上应用了统计分析的定量方法。布迪厄在《阿尔及利亚的劳动与劳动者》一文中运用了大量的统计图表、采访记录、文献等作为论据。他不仅运用了抽样调查、问卷等调查方法，而且对调查结果进行了分析。这一点也正是布迪厄后来所强调的人类学方法论与自然科学方法论的关系问题。他不仅突破了列维·施特劳斯对人类学方法所做的界线划分，而且把这种方法运用于广泛的社会科学，并在教育社会学、文化社会学等领域取得了巨大硕果。默多克的跨文化比较研究则被公认为运用定量方法进行人种志研究的经典。可以说，量化研究收集到的数据和得出的结论代表性强，在一定程度上可以弥补课堂人种志的缺陷。再比如，课堂人种志研究注重从细枝末节处做文章，往往取样范围狭窄，推广应用性有限。在这一点上，宏观理论自成体系的高度概括性可以弥补这一缺陷，让研究者从纷杂琐碎、彼此毫无联系的现象中提取某种可能的意义。此外它也不排除各种技术工具，如照相机、摄像机、录音机等的使用。总之，无论课堂人种志采取何种研究方法或技术工具做辅助，唯一的目的就是提高研究过程及其结果的效度和信度。

（2）课堂人种志的原则

早期的人类学家马林诺夫斯基认为，要做到人种志的客观性、真实性就必须坚持三个基本原则：第一，田野工作者要有真正的科学目标，并熟知现代民族志的价值和标准；第二，要真正地参与观察；第三，运用多种方法搜集"证据"。根据课堂人种研究的概念与内涵，在研究中，一般应该坚持以下几个基本原则。

①文化相对主义原则

文化相对主义就是主动避免"自我文化中心"，避免先入为主，以自己的文化的标准来看待其他文化模式的行为，拒绝任何的"想当然"，坚信每一种文化都有其存在的道理，都有自身的价值、逻辑、理想、世界观和道德观，承认任何文化都有它的特点和存在的价值与意义。文化只有长短之分，而无优劣之分，尊重其他文化，不能用意识领域中的价值标准去评估、权衡和判断相异的文化现象，用轻蔑的眼光去评论其他群体的生活和习俗。某种文化的高低、好坏，风俗习惯的鄙陋与否，应该从该民族的内在文化法则和文化背景上来理解，而不能以评估者自身的文化标准好恶来衡量，也不能认为自己的文化就是自然的、正常的和优秀的。也就是说，当研究者进入不同的课堂，发现课堂呈现的一切与自己所熟悉的、心目中的课堂教学不同时，内心涌现的应该是通过在课堂现象、事件背后挖掘他们行为产生的社会文化因素,并给予理解与解释。

②搁置原则

搁置就是把种种假设搁置起来,使人摆脱这些假设的干扰,从而澄清被各种假设所充塞了的人的意识,使人能转向意识的内容本身,即呈现在意识中的一切事物本身。为了回归事物本身,研究者一方面要通过"存在的悬搁",排除对自然界以及与此相联系的人的世俗存在的情仰,通过停止判断把自身还原为一个孤立的单子形态,通过从"自然的态度"向"哲学的态度"的转变,使人把现实世界是否存在的问题闲置起来不予考虑。认识世界的真实,必须排除一切直接经验之外的东西,将外在事物"还原",从而直观现象本身。另一方面研究者要通过"历史的悬搁",即把历史的思维所教给我们的对世界的种种观念、思想、理解抛在一边,不以其作为前提和出发点。只有排除一切直接经验之外的东西,将外在事物"还原"为我们的意识,我们才能回到事物本身,真正认识事物,达到认识的目的。

悬置就是中止自然态度下的判断,尽管它们依然有效,但是在思考问题的时候不再使用与之相关的任何命题、概念,包括真理。我们可以运用同样的方法来对研究者自身的日常生活知识体系、社会科学的体系、知识进行悬置,即暂时中止研究者原有的自然态度以及科学态度的判断。也就是说,课堂研究者在研究中要摒弃或停滞原有一切关于教学的各种理念、价值观、知识、态度等的影响,以被研究者的思维、心理、态度、情感等去理解、把握。

③主客位原则

课堂人种志是一种具有主位法与客位法两种视角的方法。为了避免研究中的人为主观化,了解课堂现象和行为产生的真正原因,课堂人种志采用"主位"和"客位"的研究视角。所谓主位研究,就是被研究对象对自身文化的认识。尽管主位的看法可能与研究者的期望是相矛盾的,但它真实反映了当地教师、学生等的思想和认识,如果被视为落后、愚昧而嗤之以鼻,将很难取得他们的信任,也就不可能真正了解当地文化。"主位"研究要求研究者与当地人运用同一个思维方式去思考,否则,观察者在一个陌生的文化模式中只能看到若干要素,而且很容易以自己的文化法则来解说这些要素之间的意义。这种研究视角体现了人文主义的关怀,表现了对被研究者主体作用与地位的肯定,尊重了他们的社会价值和个性价值,把人看成是权责的主体,也表现了研究者对他人的生活世界和生存方式的关注。客位研究就是研究者对异文化的解释,指研究者自己对事物的看法、分类和解释。在主位原则指导下得到的资料,就要在客位原则指导下给予分析和解释,两者有效结合的目的在于提高课堂人种志的信度,给予课堂现象、事件和行为有效、真实的诠释。

④比较原则

比较是确定事物之间相同点和异同点的思维方法,它为客观全面的认识事物提供了一条重要的途径。课堂研究者做研究的过程实质上是"我文化"与"他文化"不断互动和碰撞的过程,也是以研究者为参照点不断对比的过程。一旦研究者进入课堂,原来习以为常的课堂现象将成为例外和特殊。不管他是否意识到这一点,他全部有关教学理论的信念、价值、知识等都将成为被研究对象的参比要素,这就要求研究者既要用自己的文化作为参比系统去比较对比被研究者的文化,又要潜入被调查文化的社会中充当某种角色去体悟和把握该种文化,并且还要以此参比来反观研究者自己的文化。课堂人种志就是在这种反复参比中达到对课堂现象、事件和行为的把握和认知。因而研究者在任何时候都不能忘记自己的参照物,任何时候都必须高度警觉,把自己的参比要素与被研究文化的相应要素进行对比分析。总体而言,课堂研究的过程主要是两种文化系统互动和碰撞的过程。在这种互动和碰撞的过程中,显示出了两种文化的差异和特征,从而使我们能够捕捉到文化资料。这种参照对比的能力依靠于研究者的感悟思维。只有用心去观察、体会、揣摩两种不同的文化,才有可能发现重点和要害部分,否则,研究者更容易被庞杂的田野材料所淹没,而迷失了研究方向和目的。

(3)课堂人种志的标准

一个课堂人种志研究结束后,如何从整体上知道它究竟是不是遵循了一定的规范要求,达到了研究所要达到的一定目的,这就涉及课堂人种志的标准问题。

美国著名的教育人类学家斯平德勒提出了一种概括性标准体系,主要包括这几方面内容:①注意观察的背景化,即不但要在被研究的直接场合的关系框架中观察事件的意义,而且应注意在各种不同的关联背景中继续对其做深入的探究;②必须把研究放到某种为观察而选择的情境中,才会形成真正的研究假设和提出研究问题,而只有完成这一研究的定向阶段,才能识别到研究所具有的意义;③观察只有做到持久不断且反复多次,才能使资料真实可靠,尤其对连锁事件应做尽可能多的全程观察;④要反复交叉使用各种人种志方法,如访谈法、生活史法、录像法、问卷法(或某些工具)来了解情况;⑤社会参与者的社会文化知识使他们对交往显得十分敏感。因此,在被研究的社会情境中理解他们所形成和产生的社会文化知识,是人种志学者能真实地分析这些参与者社会行为的主要方式;⑥各种工具、编码、程序、问卷、访谈的设计都应当在观察和人种志调查之后产生;⑦任何假设都应体现出跨文化研究的观点,因为作为自然人的首要条件是文化因素的超时空性,一切文化都是对生活骤变的顺应,它们既有共性,又有着独特性;⑧能揭示出来某种特定场合中哪些影响行为和交流的内隐性社会文化知识;⑨在调查与观察中,应尽可能少地打断出现的互动和交流;⑩能以最富有启发的和自然的方式来实施访谈或诱发互动性谈话,以便揭示受访者那种具有文化主位观的文化知识;⑪能尽可能地使用各种技术手段,包括摄像机、录音机以及电脑技术等。

我国人类学家滕星教授认为,判定人种志优劣的标准为:其一,利用各种方法和技术去获得真实的东西,真实性代表你的田野工作质量的高低,这些资料要经得起推敲和验证;其二,调查要全面,尽量不带强烈的主观意向,不预设倾向性;其三,必须进行及时的记录,要有一个客观的文本,纪实的文本;其四,一个好的文本要具有典型性,具有样本性,可以进行理论建构。

结合上述不同的阐述,我们认为,判断一个合格的课堂人种志标准应从以下几点出发:

①研究者是否接受过严格的课堂人种志的方法训练。课堂人种志是一门操作性技术很强的方法论,同时也是一门极具艺术性和技巧性的研究技术,本身有一套具体的操作程序。一般来说,训练主要有两种方式。一种方式是研究者必须在学校接受系统的人类学、社会学、语言学、心理学、教学论等与课堂人种志密切相关的知识学习以及进行课堂人种志研究的一般程序与要求的培训,了解研究过程中必须运用到的各种知识以及遵循的基本规范和要求。另一种方式就是在正式的课堂研究之前,必须在课堂现场进行实际演练,对于这些知识、基本规范、程序和要求在融会贯通的基础上积累一定的经验。

②在研究的过程中是否严格遵守了课堂人种志基本规范和要求。具体来说,主要包括这几个方面:研究者是否深入了课堂现场,并完成"从这里、到那里、再到这里"的课堂人种志研究的基本路径;是否在观察和访谈中以文化持有者的视野展开研究,并善于保持一种中性的独立姿态,而不将自己与被研究者的角色加以混同;问题是否是在资料的搜集中衍生,并且是一个有价值的、真实的问题;搜集的资料是否全面、充分、真实,值得推敲和符合一定的逻辑,并不带有主观色彩;研究者是否在研究场域停留了一定的时间,并达到了研究的目的。

③是否采取了多种研究方法和技术工具。研究者在运用参与观察法、深度访谈法和深描法等课堂人种基本的研究方法之外,是否运用了其他的研究方法;这些方法和技术工具运用是否恰当且彼此之间存在必然的逻辑关系,有助于弥补上述

三种基本方法的不足或者最大限度地扩展了它们的价值，是对提高课堂人种志的真实性、客观性有所裨益，而不是杂乱的运用和罗列。

④是否有一个客观、纪实的文本。主要包括的内容有：文本所选取的对象是否具有典型性、样本性，并能为以后的理论建构提供事实依据；文本是否是研究者自主独立完成，而不是受到某种权威、权力或来自其他方面的干扰；文本是否坚持了深描的写作方式，对课堂观察到的现象做出了诠释，揭示了课堂现象、事件和行为活动产生的深层次原因，反映了课堂的真实现象，而不是停留在表面的记述，甚至许多资料还是源于其他文献记载等。

⑤是否立足本土，展眼世界。课堂人种志研究是立足于本土，从实际出发，通过对我国课堂现象或问题的研究，促进我国教育教学理论发展或解决教学实践问题的一种方法论。因此，课堂人种志研究者必须要有强烈的本土意识，反映我国课堂中存在现象和问题，通过这一方法的介入，向国外介绍我国课堂教学实践的情况，为我国教学论在世界领域争取一席之位，实现与国外研究者的交流与对话。

（四）课堂人种志的理论基础

课堂人种志有没有自己的理论基础呢？如果有，它的理论基础究竟由哪些构成？在回答这一问题之前，先让我们来探讨下人种志理论基础的有无问题。关于这一点，理论界存在着两种截然相反的观点。一种观点认为，人种志研究是在广义文化概念下对特定的文化情境做深入、分析性的描述。它的研究大量依赖于对研究对象的观察、描述、定性判断或解释。它发生在自然的情境中，重视过程，旨在获得整体画面。因此，人种志很少在研究之前有具体的假设。另一种观点认为，人种志的发展与完善是与一定的理论基础紧密相连的，正是在不同理论的指导下，人种志才逐步变得成熟，也正是在对已有理论的批判继承中，人种志才演化为当今较为成熟的方法论体系。从其他文献的搜索中我们发现也有不少学者就人种志的理论基础进行了探讨，其中包括教育人种志和课堂人种志两个微观的研究领域。

姚秀颖从解释人类学产生的背景中分析了人种志的理论基础，认为解释人类学是各种民族志实践和文化概念反思的总称。它是在六七十年代受当时占支配地位的帕森斯学派、经典的韦伯社会学、现象学、结构主义、结构和转换语言学、符号学、法兰克福学派批判理论以及阐释学的共同影响下产生的。这些理论为民族志基本抱负而进行的前所未有的探索提供了思想源泉，使民族志作者都有可能引出本土人的思想观点，有可能阐明社会现实的文化建构如何影响社会行动。同时，这些理论的影响也被应用于探讨人类学者如何通过田野工作获得对被研究者的文化意义系统的认识,如何运用民族志文本表述他们的观察,如何通过田野工作和民族志获得一种独特的交流。因此,这些都应该成为人种志研究的理论基础。

刘彦尊认为,教育人种志的研究方法并非来源于某种哲学或思潮,而是多种哲学、多种思潮或方法的产物。一般来说,人种志研究方法的理论渊源可以追溯到人类学、现象学、解释学等理论。陈瑶和吴康宁则对课堂人种志的理论基础进行了阐述。前者认为,课堂人种志的理论基础主要是现象学、符号互动理论。现象学注重个人对事物的洞察,强调在对课堂观察和访谈的基础上来了解事件本质,并听取被观察者本人的解释。符号互动理论强调的是对符号这种现象的解释。后者在结合自身研究的基础上认为,课堂人种志的理论基础主要包括课堂教学的社会基础、社会角色、社会文化、社会行为、社会过程、社会学模式和社会功能。

从学者的辩论和对人种志、教育人种志和课堂人种志的理论基础的论述中不难发现,人种志作为一种方法论体系,它不仅具有自身的理念、价值取向、特点、原则,而且有一套具体的实施程序和研究方法,理应有自身的理论基础。依次类推,作为人种志下位观念以及有机构成部分的课堂人种志,也应有它自身的理论基础。

从课堂人种志的发展来看,对它的产生、发展、完善具有重大影响的理论才能作为它的理论基础。我们认为,课堂人种志的理论基础主要由现象学、符号学、解释学和后现代主义四个部分构成。之所以这样说是因为现象学可以让我们避免重蹈"书斋"研究的覆辙,回到教学的原点——课堂,揭开教学理论研究的新篇章;符号学可以让我们不再"漂浮"在课堂现象表层,用自己的方式去对它们做出解释,不是用所谓"普遍性、抽象性和概括性"的教学理论去整理教学实践,而是寻求课堂现象符号产生背后的社会文化意蕴;诠释学理解的宗旨不仅体现了社会科学研究的人文主义精神与关怀,而且也使我们通过理解的方式去洞察课堂种种现象产生的真实原因;后现代主义则赋予我们创新和反思的视野、勇气和精神,使得我们在既有理论的基础上,不断推陈出新,有新的发现。

1. 现象学——回到原点

现象学的产生源自于德国哲学家朗贝尔特(J. H. Lambert,1728—1777),胡塞尔(E. Edmund Husserl)则对现象学成为一个真正的哲学派别做出了巨大贡献。他从"寻求绝对真理"的现象学宗旨出发,在批判了自然主义和历史主义的心理主义基础上,阐明了他的现象学哲学观点。

(1)本质直观

胡塞尔认为，要寻求到绝对的真理，就要运用一种"现象学还原"方法，"回到事物中去""回到自我中去"，即通过反省主观意识的方法，从呈现在每个经验自我的意识现象之中揭示出本质。"事物"并不是指客观存在的物理客体，而是指一个人所意识到的东西，或者说是呈现在一个人的意识中的一切东西。胡塞尔把所有这些呈现在意识中的东西都称为"现象"，认为这些现象就是哲学研究的对象。他认为，现象就是本质，是可以直观到的。"现象"不是通过对个别对象的属性进行比较概括和抽象得到的，而是通过对特殊事例直观得到的。这样得到的现象或现象本质，才是现象学的真正对象。因此，现象学分析的每一步工作就是把经验性对象先转化为现象或现象本质，这种转化程序被称作"还原"，它是通过意识来进行的。这个把经验还原为现象本质的过程即"本质直观"。

可以说，现象学方法的主要原则在于"回到事物本身"，这意味着人必须在一种理智的意义上去直观事物，这种直观是一切真正认识的必要基础。胡塞尔认为，在本质直观中，纯粹意识中给定的现象就是对象的本质，现象的本质或本相就是呈现于纯粹意识中的东西，如果在完全的明晰性成为完全的被给予性中直观到"颜色"是什么，那么被给予之物便是一个"本质"；如果在对一个一个的感知进行观察时，在被给予性中纯粹地直观到"感知"自身是什么，那么我们也就直观地把握住了感知的本质。

（2）"悬搁"

为了达到还原的目的，胡塞尔提出了"悬置"概念。悬置不是一种方法，而是一种态度，是现象学哲学对经验的事实世界采取的一种根本立场。"悬置"是一种对存在问题存而不论、持悬疑的态度。"悬置"指的不是物，而是对物的一切"荒谬解释"。胡塞尔说："一个当下可见的事实是，这里排除的是包括我们的意识在内的全部实在，而那种剩余物被称为'纯粹的'或'先验的意识'"。为了达到"悬置"，他提出了"加括号"的方法，主要包括两项基本内容：一个是对存在加括号（存在的悬置），另一个是对历史加括弧（历史的悬置）。"存在的悬置"就是在哲学领域排除对自然界以及与此相联系的人的世俗存在的特仰，把自身还原为一个孤立的单子形态，从而直观"现象"本身。"历史的悬搁"就是把思维的历史所教给我们的对世界的种种观念、思想、理解抛在一边，不以其作为前提和出发点，这便形成现象学在立场上的独立性和方法上的自由性。胡塞尔说："所有超越之物的东西都必须给以无效的标志，它们的存在，它们的有效性不能作为存在和有效性本身，至多只能作为有效性现象。"只有当研究者大脑里所有有关的知识、经验、信念、趣味甚至我们自身存在都被"悬置"以后,摒弃一切权威的理论,也不用所谓的权威去套用、解释、判定事物时,才有可能洞晓事物本身的含义。这样,在先验还原的终端就出现了意识,即一个绝对的、必然的、纯粹的、自我意识的"现象学剩余"的区域。

（3）现象学还原

胡塞尔认为,现象学还原包括三个步骤:

第一步是现象的还原,通过还原,一切已知之物就变成感官中的现象,这现象存在于意识之中并通过意识被直觉认识到。

第二步是本质的还原,即通过本质直观,以从变化多样的意识中直觉到其不变的本质结构,在各种现象中直觉到保持不变的同一的东西。胡塞尔认为,本质即现在意识中的,或在现象中的。本质是现象中稳定的、一般的、变中不变的东西,即所谓变体之间不变的"常项"。即在直观过程中,将注意力集中到多样性中保持不变的那种东西上面,排除那些感性的、具体的、偶然的,混杂了虚假成分的和被歪曲了的东西。

第三步是先验的还原。本质还原之后,最后留下的部分即现象学剩余——纯粹意识,包括自我、我思和我思对象等三个方面。所谓自我,即先验的自我,这是一切意义的基础和意识构成性的基础;所谓我思,即意向性活动。包括意向主体、意向行动、意向对象以及意向方式;所谓我思对象,即指先验自我通过我思活动所构成的对象。胡塞尔声称,前两步还原是使人们从事实的经验普遍性向本质的普遍性推移,而先验性还原则是从现实中根本排除事实性,从而返回到作为一切意义的基础和意识构成性基础的先验自我。

本质还原的依据是直观的明证性。明证性也就是明晰、无疑的直观本身。胡塞尔说:"如果认识批判从一开始就不能接受任何知识,那么它开始时可以给自己以认识,并且自然,它不论证和逻辑推导这些认识,相反,它直接指出这些认识。"这种明证的直观本身就是最确切意义上的认识,真实的明证性伸展得有多远,被给予性伸展得也有多远。在胡塞尔看来,明证性之所以能成为依据,就是因为它不需要论证和推理。如果用已有的知识作为前提来推论和论证,得出的结论必然不是最根本的知识。最根本的东西是无法论证和演绎的。因此,现象学的本质直观证明了一个基本的命题:认识论从来不能并且永远不能建立在任何一种自然科学的基础上。

（4）意向性问题

胡塞尔认为,意向性就是指意识活动总是指向某个对象,不存在赤裸裸的意识,不存在把自身封闭起来的意识,意识总是对某种东西的意识。意向性作为意识的基本结构意味着:意识总是指向某个对象,总是有关某对象的意识,而对象也只能是意向性对象,只能是被意识到的客体。意向性是意识的本质所在,它构成了主客体之间的桥梁和媒介。胡塞尔说:"意向性概念是在我们所说的无限广度上加以把握的,它是要进入观象学时一个必不可少的、作为出发点与基础的概念。"可以说,正是意向性使意识的本质和对象本质呈现出来。

(5)生活世界

胡塞尔认为,探讨生活世界的根本目的在于,想对生活世界做一个与科学世界全然不同的解释,生活世界是寻找人的价值和意义的根基,也是各门自然科学赖以生存的基础。这是因为科学本身也是人类精神的产物,它预先确立把历史的生活世界作为出发点,并预先给定为对一切人都共同的东西。

因此,生活世界具有普遍的本质必然性,因为它不是孤立的个体世界,而是人们的共同世界。一般而言,世界不仅仅为孤立的人而存在,也为人的共同体而存在。因此,胡塞尔认为,生活世界实际上是人们最易认识、最为熟悉的世界,是人的主观性所持有的世界。

2. 诠释学——走向理解

诠释学(Hermeneutik)一词来源于赫尔默斯(Hermes),赫尔默斯本是希腊神话中诸神的一位信使的名字,他的任务就是迅速给人们传递诸神的消息和指示。19世纪上半叶,古代希腊人把对阿波罗神庙中神谕的解说称为 Hermeneutics。到了近代,德国宗教哲学家施莱尔马赫(F. Schleimacher,1768—1834),把古代诠释学变成了一种普遍的方法论。著名代表人物有施莱尔马赫(Schleiermacher)、狄尔泰(Dilthey)、加达默尔(Gadamer)、贝蒂(Bertie)、赫施(Hirsch)、哈贝马斯(Habermas)、德里达(Derrida)等。

哲学解释学的基本目的就是揭示理解的本性,解决理解何以可能的问题。所以,解释学是关于理解的学说,这是一种学术界普遍承认的观点。理解的目的在于,对存在的揭示和显现,彰显其内在的文化属性与意义。我们把这种我们由外在感官所给予的符号而去认识内在思想的过程称之为理解。

哈贝马斯认为,意识形态的虚假性与欺骗性妨碍了人们的合理交往与相互理解,对社会的批判也就是对意识形态的批判。由于社会行为形成于日常的语言交往中,语言是所有社会制度都依赖的一种元制度,这种元制度受到社会强制的影响,服务于有组织的权力关系,因此,语言也是意识形态的,即问题不在于语言中包含着欺骗,而是用语言本身来进行欺骗。解释学应对此进行分析,致力于使非强迫的普遍同意成为可能,使人们能在不受控制的理想化的说话情境中进行对话,使人们正常交往,相互理解,从而感情一致地团结起来,达到"'我'在'你'中的重新发现"的目的。

理解存在一个预先假定的前提,即存在着一个共同的人的本性,或者说,人们共同具有某些基本特征。理解之所以可能就在于人类精神的同质性,而精神能够理解精神所创造出来的东西。作为理解对象的"生命表达式"是人类精神的外化,本质上是能被人的精神所把握的。理解具有三个方面的内涵。首先,理解是对观察的现象、访谈的内容以及文本呈现的人们所说或所写东西的把握,主要指人们交流的外部过程。其次,理解是对意义的领会,理解表达式所表达的观念或感情。再次,理解是对人们心灵的渗透。

理解的出发点是个体的生命,同时个体又是存在于社会与历史整体中的个体,没有绝对的、确定的起点,理解的起点本身就是一个个体与整体的循环。只有通过诠释,存在的本真意义与此在本已存在的基本结构就向居于此在本身的存在之领会宣告出来。如果对于生命的各种表达都是陌生的,那么解释就是不可能的。如果这些表达没有任何陌生之处,人们就没有必要进行解释了。因此,狄尔泰认为,在精神世界中,充满了主体的人的情感、想象、意志以及人类活动的观念、价值、目的等,这些是无法加以精确观察测量的。解释学的任务就是研究者通过自身"体验",在复原它们所表现的原初体验和所象征的原初的生活世界,使解释者像理解自己一样去理解他人。理解不仅使个体生命体验得以延续和扩展,表达具有了普遍意义,而且使精神世界成为具有相关性与互通性的统一体,个体成为人类,生命获得超越。理解的本质在于,它不仅是一个人与另一个人之间的情感、理智的交流,而且是"我"的存在、"我"的存在方式。它带动着"我"的意识和"我"的原始活力中的全部无意识去追逐新的生命。在每一个瞬息,"我"都不再是"我",但也不止是"我"的"你",而是"我"与你、"我"与人类相交融。

诠释主义提出理解的基础在于对人的重新认识,只有通过他人的姿势、声音和行动与我们感官的接触,我们才能进入他人的内心生活。狄尔泰从人学的角度对人进行了全面的阐述。他认为人是社会的人,并将生活体验看作人类真正的"生活地基"。在他看来,人不仅生活在一个现实的物理世界中,而且生活在自己的世界之中,生活在由生活体验构成的境界,一个只对有灵魂的人才敞开的"生活世界"中。只有这种生活才是真正意义上的人的生活,通过体验,人从物理世界走向

"生活世界"。理解具有以下几个特点:

首先,理解的是双向的。理解者一方面要从被理解者的角度去理解其行为,另一方面,理解者却不能舍弃自己的理解角度。因为任何理解必定首先从理解者的角度出发,否则理解会成为不可能。如何调和这两个不同的理解角度呢?诠释论理解并非是指理解者作为一个主体,用一种方法单向地去理解外在世界的客体。反之,任何理解必然是理解者和被理解者的合作才可以实现。理解者和被理解者的存在境况是构成"理解"的必要条件。

再次,理解不可能是纯客观的,必然带有某种主观色彩。偏见是不可避免的,它构成理解本身的"前理解",主要的问题不在于抛弃偏见,而在于决定什么是"合法的偏见"和什么是"错误的偏见"。理解不仅以偏见为基础,而且在理解过程中,又会不断地产生新的偏见。

其次,理解是开放的。它是一个向未来敞开的过程,永远不会完成和终结。理解总是因历史性和主观局限性而需要进一步理解和解释,理解的内容因而会随时间的推移、历史时代情境的变化而发展,永远不可能停滞在某一水平上,永远不会达到"终极真理"。理解正因为具有历史性和主观性特点,才使理解永远不可能硬结成一个理解的客观尺度,永远不会僵化停滞,而是不断处于变化、运动和更新之中,不断处于积极主动的创造之中。

总之,理解和解释是文本意义生成的过程,是一个不断创新或推翻过去的理解的过程。客观事物本身没有意义可言,只有当其作为理解者的理解对象时才获得某种意义,而这种意义在他人或后人的理解中又会产生更新的意义,这是一个永无止境的意义创造过程。因此,永远没有超历史的、永恒的理解。创造性理解是打破旧的和新的迷信、教条和崇拜的重要途径。

3. 符号学——思维的方式

符号学是 20 世纪 60 年代以后由法国和意大利为中心重新兴盛至欧洲各国的一种理论体系,它的源头不外乎胡塞尔的现象学、索绪尔(Ferdiand de saussure)的结构主义和皮尔斯的实用主义。瑞士语言学家索绪尔是第一个把对符号的研究当作一门新学科提出的。他在其对现代语言学产生深远影响的《普通语言学教程》中预言将有一门专门研究"符号系统"的学科出现。随后,丹麦语言学家叶尔姆斯列夫(Louis Hjelmslev)的《语言学理论导论》和《语言论集》则为结构语义学的建立奠定了认识论基础。法国语言学家本维尼斯特(Emile Beveniste)有关"陈述活动语言学"的研究成果,使得符号学借助于叙述主体的陈述来掌握意义成为可能,从而形成了话语符号学的概念和研究方法,因此也就使符号学更靠近了言语活动的实际情况。

符号学是由美国哲学家皮尔士(Peirce)和瑞士语言学家索绪尔分别奠基的。索绪尔认为语言符号是任意的,其意义取决于能指与所指的关联。事实上,符号的意指功能要受制于语言系统与社会规约,这种社会规约是确定符号意义的基础。因此,要研究符号的意义,就必须超越语言符号的形式本身,去关注符号以外的社会文化现实,这种现实规约是符号的意义之源。索绪尔提出,能指符号的所指只是一种观念或概念,不是现实世界中的客体对象。皮尔士则更关注符号意义产生的社会背景,关注认知主体与客观世界的交互作用。他把符号分为符面、客体对象和解释项,前两者大致相当于索绪尔的能指和所指,解释项是界于能指和所指之间的"第三因素",它的特点在于能够成为新的符号。符指过程需要第三因素"符解",符解就是从符号及其语境中释义出来的符号意义。任何符号行为都必然受到特定语境的限制,具体语境会对符号意义的指称起到决定作用。符号意义指称的开放性必然在特定场景中戛然而止,这时相对的稳定意义才可产生。

符号学理论主要包括以下几个方面的内涵:

首先,人作为一种符号动物,是通过符号活动来创造自己的文化的。意义并非符号固有的,而是符号使用者赋予它们的。人们通过联想把符号和其所指的对象联系起来,使符号产生了意义。符号是一种社会存在,具有社会属性。正如恩斯特·卡西尔(Ernst Cassirer)所说,人就是符号,就是文化。文化无非是人的外化、对象化,无非是符号活动的现实化和具体化。而关键的关键、核心的核心,则是符号。正是因为"符号功能"建立起了人之为人的"主体性";正是"符号现象"构成了文化的世界;正是"符号活动"在人与文化之间架起了桥梁;文化作为人的符号活动的"产品",成为人的所有物,而人本身作为他自身符号活动的"结果"则成为文化的主人。

其次,符号理论认为存在两种认知。一种是生物体得到关于客体的思想或理解的心理过程,或者是获取世界知识的过程。认知以符号为建筑材料,架起了从认知主体通向认知客体的桥梁。人们生活在一个符号世界,一切客体都是以符号化的形式存在,当人们把一个客体从其他客体中区别出来并表达出来的时候,人们就在以符号化的形式对这个客体进行认知。还有一种是抽象符号行为,它是对某一具体事件的抽象化,一般以动态的系列方式存在,结构比较复杂,又称之为"脚本",它是为那些经常出现的事件序列而构思的知识结构。

再次,人对符号的认知不是一次性的、而是多次性的符号行为。认知作为一种符号行为,最终目的还是为了获取知识与客观事物的有关讯息。通常说来,符号行为的完成过程也就是探求讯息、获取知识的过程。由于认知参与了较多的个人因素,认知的结果也不一定每一次都完全正确,因而存在一个认知的自我修正过程。在符号行为的实践中,人们会经常修正自己的错误认知,使个人经验不断优化、成熟。当研究者理解"符号"这一载体的内涵时,才会了解到"这个东西加诸感觉的印象之外的某种东西"。

4.后现代主义——创新的过程

后现代主义一般是指起源于 19 世纪 50 年代,原仅指称一种以背离和批判现代和古典设计风格为特征的建筑学倾向,后来被移用来指称哲学、文学、艺术、美学、社会学、政治学甚至自然科学等诸多领域中具有类似倾向的思潮。现在意义上的后现代主义形成于 20 世纪 60 年代,是一种二战后西方发达国家进入现代社会为背景的产物,主要代表人物有福柯(Foucault)、德里达(Derrida)、利奥塔(Lyotard)、费耶阿本德(Feyerabend)、罗蒂(Rorty)、霍伊(Hoy)、格里芬(Griffin)、杰姆逊(Jameson)等。

后现代主义认为世界是多元的、非中心的,具有多样性、不确定性和差异性等特征,不存在一个理性的或非理性的主体。它在对近现代的理论基础、价值取向、思维方式严厉批判的基础上,形成了一种新的话语、新的形式来解释世界特点的文化思潮。它的主要观点就是强调世界自身的多样性。它从不寻求一个理论支点或试图找到一个理论去解释世界,而是要具体的考据,呈现反本质、反规律、反普遍化、反总体化、反同一性、反确定性的特点。后现代主义的出现在于对反传统理论中折射出的本质主义、表象主义与反整体主义的反叛与藐视,是以"批判"、"破坏"、"解构"、"颠覆"为基本特征。

尽管后现代主义理论包含着混乱和偏颇的谬误,正如大卫·格里芬所说的,后现代主义思想并不比有神论形式的现代思想更宽容。尽管它声称拒斥一贯正确的启示而拥护经验和理性,但它自己的经验和理性观却被冠之以科学方法的桂冠。这种经验和理性观中间内在地包含着各种形式的本体论和方法论假说,却成了"唯一正确的方法",其他各种文化都被贴上了虚假、迷信、原始、愚昧和落后的标签,被看做是不值得尊重的东西。

尽管"后现代科学"的虔诚信徒们表现出来的狂傲绝不逊色于从前那些"唯一正确道路"的信徒们,但它所提出的一些观点及其思维方式对于我们还是有所启迪的。

首先,后现代主义对现代思想的"摧毁"和"否定",对任何假定的"大前提"、"绝对的基础"、"单一的视角"的无视以及"宏大叙事"的唾弃,目的在于消解我们的理论和摧毁现代文明套在我们身上的枷锁,解放思想,拓宽视野,为人们争取自由,通过创造性活动,建构更合理的世界。这在很大程度上可以使我们从原有理性固守的视野摆脱出来,重构世界的多样性。

其次,它超越了二元论和机械主义,认为世界是一个整体。从某种程度上说,整个世界是主动地包含于它的每一部分之中的。由于整体包含于每一部分,因此也可以说是其他部分以某种形式包含于每一部分之中,世界中的各个部分是有机地联系在一起的,否定了部分只具有外在联系的机械论观点。后现代主义对整体的强调就是说我们与自然界构成一个有机整体,我们是这个整体的一部分。后现代思想家们致力于分析和批判现代主义的与自然相联系的概念,指出"质"是对自然的统治,其根源是统治逻辑和二元对立的思维模式,从而对坚持统治逻辑和二元对立的西方近现代哲学中的理性主义、机械论、还原论、人类中心主义等均持批判态度,认为一切事物都具有多样性,倡导一种多视角看问题的思维方式,避免思维和视角的单一和僵化。同时,现代哲学以整体的方式来宣扬本质主义与表象主义,本质上仍然把人视为某种"本体"或"本质"的模仿者或相似物,这种"宏大叙述"的意识不仅不能真正为人类的存在确立终极意义与客观基础,而且沦为束缚个人自由的枷锁。毫无疑问,后现代主义为人类重新认识自身,敢于打破传统,勇于创新指明了路径。

(五)课堂人种志研究的一般过程

1. 课堂人种志研究的一般过程

一般而言,与其他社会研究方法一样,课堂人种志也大概经历了类似的几个阶段。也就是说,在具体操作过程中,尽管在不同阶段或具体细节上稍有差异,内容与要求也不尽相同,但整体来看,课堂人种志与其他质性研究方法并无太大的差异。这里试对人种志和课堂人种志课堂研究阶段划分介绍的基础上引申出它所需要经历的几个阶段,并就具体操作细节做一简要的说明。

王清钢、潘守永等认为,人种志研究过程包含四个彼此相连的环节:(1)提出研究的问题和选择具体的研究方案(包括选定研究地点和到达该地之前与当地接触,并获准进入该地);(2)用相当长的时间参与到该社区(或社会)的日常生活中去,把自己放入当地社会中,应学会本地语言,观察所发生的事情,询问与研究主题有关的事情,把这些内容记录下来(依具体情况,研究主题或方向,策略可做适当调整);(3)整理、核实所收集资料,撰写民族志(可以是理论性的探讨,也可以是对所收集材料的叙述);(4)民族志作品的回馈,将作品返还到所研究的对象中去,寻求进一步的反映。

具体到课堂人种志研究,也有两位学者提出了自己的见解。王鉴教授认为,课堂志研究主要涉及以下几个主要环节:(1)确定课堂志研究的对象;(2)在课堂中参与观察;(3)撰写课堂志。李德显教授等认为,课堂人种志的研究一般经过以下几个步骤:(1)确定研究的对象;(2)假设的概括;(3)收集资料;(4)数据分析;(5)得出结论。

从上述观点可以看出,无论是人种志研究者,还是课堂人种志研究者,无论是把研究的过程划分为几个不同环节,还是几个步骤,他们都给出了去实地研究的一般过程,但缺点在于跨度过大,甚至给人一种枯燥感和烦闷感,缺乏人文科学自身所具有的人文主义关怀。相比之下,马林诺夫斯基提出的划分过程则令人耳目一新。他根据研究者在研究中的心理变化与具体任务而把人种志研究划分为 7 个阶段,每个阶段分别对应该阶段的心理状态和研究任务。

(1)初入"田野"期。第一次直接接触当地的人,田野工作者一般都会感到非常兴奋和好奇。当地人也对外来者充满疑问与不安。

(2)文化休克期。一两个星期之后,田野工作者开始出现负面情绪。当地人还不是很信任他们,很多计划的工作仍然无法进行。田野工作者来到完全不同的文化环境下,自然会对当地人的生活方式不适应甚至产生抵触心理。这时候最好的补救办法,就是搜集具体的资料,例如做全村的户口调查,记下系谱,画下村落的格局,并收集亲属称谓。

(3)发现当地一些显而易见的文化现象。随着时间的推移,田野工作者开始获得当地人的信任,当地人对工作者的戒心也开始慢慢放松。这时候,田野工作者才开始真正地参与观察,了解当地人的文化行为,并与当地社区进行对话。

(4)中断阶段。按照西方的标准,一般情况下,人类学的田野工作至少需要一年时间。一个研究者连续调查了 3~4 个月之后,有必要暂时离开田野工作点。这段时间工作者需对前期的参与观察进行总结、与同行进行交流、考虑下一步的调查计划。

(5)集中精力进行调查阶段。当田野工作者再次回到他们的工作地点时,当地人会认为研究者对他们的文化真正感兴趣,因此双方的信任将进一步增加。

(6)第二次中断。一般情况下,田野工作者在工作 7~8 月(以一年为周期)之后,会认为材料都已经获得,没有继续调查的必要了。而报道人似乎也没有其他东西可以提供。这时候,研究者应该暂时地离开工作地点,再次对已有的调查过程进行总结,看看还缺什么材料。当然有的研究者可能会需要多次中断,花费时间也更长。

(7)收尾阶段。在这一阶段中,除了补充收集一些材料以外,更重要的是向当地人致谢,便于以后继续开展工作。

从严格意义上来讲,这种划分法过于繁琐,似乎不符合学术规范的要求,但这种对研究者充满人文关怀的划分方式不仅易于接受、理解、运用,而且易使研究者在研究中产生心理共鸣。但这一划分的不足之处也是显而易见的,相对其他的划分方式,它只涉及了研究者进入现场后的一些内容,不利于研究者从整体上加以把握。

在继承马林诺夫斯基理论的基础上,我们这里将课堂人种志试划分为四个阶段,即:选点、走进现场、在现场中研究、资料的整理和文本的写作。

(1)研究点的选择

课堂研究者在研究中首先面临的困难和问题是具体研究地点的确定。例如,为什么选择这个地区,而不是那个地区;为什么选择在这个学校而不是在那个学校;为什么选择这个课堂而不是那个课堂;为什么选定这个人而不是另一个人作为研究对象等。对诸如此类问题的追究往往触发他人对整个研究工作的可行性和真实性的怀疑。为了避免给他人造成"研究者盲目选点"错觉,我们可以通过以下几种方式进行选点。首先,研究者可以事先通过各种资料的查阅,选择一个自己认为"较为理想"的研究点。其次,研究者也可以对不同研究点进行对比,从中选择一个自己感兴趣的地方。再次,研究者还可以将他人的研究点作为自己的研究点开展研究。当然,有时接待人也会帮助研究者选择一个地方作为研究点,但这种选择往往含有他人考虑的因素,需要研究者自己把握。一些学者也认为,研究点的选择常常是由偶然的机会来决定的。无论采取哪种形式,研究者首先应该考虑的是样本的经济性和代表性。如果研究点的花费过大,就有可能超出经费的承受能力,从而导致研究的半途而废。如果所选择的研究点不具有代表性、典型性,研究就可能流于形式,形成资料的堆积。一旦研究点确定后,课堂研究者可以采取同样的程序对所研究的学校、课堂和对象做出选择。

（2）走进现场

"进入研究现场"可以指两种不同的行动：研究者与被研究者取得联系，征求对方是否愿意参加研究；研究者置身于研究现场，在与当地人共同生活和工作的同时，与对方协商从事研究的可能性。研究者可以在这两种方式中选择一种，选择的标准取决于具体研究的要求以及实地研究的可能性。研究者进入现场主要包括以下几个方面的工作：进入前的准备工作、确定和接触研究对象、选择进入现场的方式、了解被研究者的内部权力结构、选择合适的交流方式、正确应对进入失败的情况等。在实际操作中，这些部分通常是相互交叉、循环反复或同时进行的。进入研究现场不是一次性的工作，也不是一件一劳永逸的事情，需要研究者坚持不懈地努力。因为种种无法预料的原因，研究开始时建立起来的良好关系可能在研究的过程中变质，需要研究者进行修补或重建。

①走进现场前的准备工作

走进现场是课堂研究者进行研究的前奏，充足的准备工作有利于研究工作的顺利展开。

第一，相关文献的阅读。首先要通过对有关课堂研究或其他人种志文本的阅读来吸取经验和教训。其次，查阅近年来所有有关课堂研究的热点、重点问题，了解课堂研究领域内取得的成就和存在的问题，避免在研究中重复他人已经做过的研究。再次，查阅相关资料，对研究点的社会结构、社会背景、民间风俗、教育教学发展状况等有所了解，尤其在民族宗教地区，必须要对其宗教信仰充分了解。如果知道有人做过同类研究或曾经去过自己将要去的地方，向他们获得一些建议也是一个不错的选择。最后，为了保证研究的顺利进行，研究者还应该学习一些与被研究者建立良好关系的"诀窍"。

第二，研究者应该设法了解当地的权力结构、人员关系以及行为规范。如果研究者有亲戚、朋友在将要进行研究的学校工作，可以事先与他们获得联系，充分了解当地学校的基本情况，听取他们对进入课堂现场的建议。如果研究者不认识任何人，可以事先了解一下当地学校中有没有态度比较开放的教师或学校校长。如果有这样的人，研究者可以亲自上门拜访，征询对方的意见。如果所研究的问题是一个敏感性话题，研究者估计他们不一定会积极配合，那么可以考虑事先到研究场地去进行一个初步的调查，看在那里从事研究是否可行。此外，研究者也可以在自己选准的学校课堂先做一项不太敏感的研究课题，借此了解所在学校对外来研究者的基本态度，然后决定自己是否应该进行先前已经计划好的研究项目。

②走进现场的方式

政府干预式。当前大多数教育教学的研究基本都采取这一方式进入研究现场。研究者可以通过当地教育部门的介绍进入研究现场,这种方式能够使研究者顺利地进入现场,并会得到学校的大力支持。但由于政府的干预,教师常常会把研究者看作政府中的一员,把研究者的工作看作是受到教育部门的委托而针对他们展开的研究,或把研究看作研究者与教育部门合作的产物。因此,被研究者常常对研究者怀有戒心,有可能对研究者采取敷衍了事的态度,对于某些敏感话题更持有保留态度。

关系介入式。当研究者在某一学校有亲戚、朋友时就可以通过这一层关系进入研究场域。这些关系可以有助于研究者了解到课堂现象、事件、行为等产生的深层次原因。但这种方式往往会由于关系的介入而使搜集的资料有夸大其辞、不够真实的成分。

(3)在现场研究

①提出问题

课堂人种志一般没有预设,但这并不意味着就没有明确的研究主题。在研究过程中,研究者应该有一个大致的观察计划和提问框架,以便在研究过程中不致脱离主题。研究者要随时掌握研究的基本方向,引导研究对象的表现和言谈。研究者要善于应变,充满机智,尤其在深度访谈中更要注意这一点。

②收集资料的方法

课堂人种志收集资料的方法主要有参与观察法和深度访谈法,此外还要运用相应的辅助方法和技术工具,如录音机、照相机、摄像机等。

③记录现场内容

课堂人种志研究的常用工具是笔记本和笔,意味着研究记录要完整翔实,除了要高度集中注意力外,还要养成当场记录的习惯,做到当场记录,事后及时补录。在记录时要分段记录,先记下关键的词语和短语,然后再做详细的整理,要努力把观察到的所有细节都记录下来。

(4)资料的整理

①资料的归类

研究活动完毕之后,研究者要尽快以记录大纲为线索,整理出完整详细的笔记,然后根据实地调查的时间,将这些记录编目形成档案。档案的种类很多,研究者应根据研究性质及数据分析的需要建立档案。第一类是背景档案,主要涉及学校情况、教学环境、社区氛围、个人经历等对研究对象产生间接影响的材料。第二类是师生档案,即有关他们的年龄、性别、课堂行为、教案、作业、教学日志、笔记、日记等方面的资料。第三类是文献档案,包括研究过程中适用的资料目录。第四类是分析档案,可以按照不同的选题对所收集到的资料归类整理。

档案系统的弹性是课堂人种志研究的一个重要特征。当研究者不断修正、组织资料时,还应该常常回头去看那些已经分类的资料,以确定其是否应该被移到新建立的档案体系中。

②资料分析

研究的最终目的不是检验某个理论,而是建构理论,为此必须分析之前得到的资料。理论的建构往往是一个不断深入的过程,最初的资料只能得出暂时的结论,同时这个理论雏形又可以进一步指导研究。这种收集资料和分析资料之间的相互作用使实地研究具有更大的灵活性,因此研究过程可以得到不断修正。

③得出结论

在分析资料的基础上,经过一定的抽象概括,得出结论。结论的形成常常要经历很长的过程,所以研究者要力图避免人的主观因素诱发的一些错误。

(5)文本的写作

在完成上述步骤后,研究者就要通过文本形式将这一过程表述出来,借以向他人说明自己做了什么、发现了什么以及得出了什么结论等。

2. 课堂人种志研究时间的确定

课堂人种志对时间是有严格要求的,它要求研究者在课堂场域停留特定的时间。也正因为对这一点的强调,它被视为课堂人种志的一个基本特征。但在时间"度"的把握上,学术界一直存在争议,这一点可以从人类学和教育人种志的有关论述中得以体现。

一种观点认为,马林诺夫斯基将时间定为一年的传统有其产生的特殊历史背景及运用目的,但如果不做具体的分析便全盘接受的话是机械的、片面的。这种观点认为,将研究时间确定为一年的传统,实质上包括几种假定与预设,但这种假定与预设在当代已经丧失了它的价值与意义。其一,"一年的确定"暗示了研究对象只能是与四时变化紧密相连的社会生产方式的一个循环过程,而且还只能涉及一个小型的社区,因为稍大一些的社区要想做到"整体"的了解是相当困难的;其二,研究的对象是前工业文明社会,工业化时代的生活并不能鲜明地表现出年度周期的节律,对它们的观察也不一定必须是年度的。这实际上不符合对"不同社会"

（包括现代社会）进行比较的人种志基本原则，而且也没有意识到其内部可能暗含着"文明人"有权也有必要对"野蛮人"进行观察，而"文明人"就不必被观察的前提。其三，"学习当地语言"需要半年左右的时间。这种以语言来确定时间的方法是荒谬的，显然是"将身经百战的人类学者勾勒为独行侠"，进入一个聚落，打理好住处后，便在随后的几个月自然学会当地语言，因为"流利地说一种语言与理解它是非常不同的"。当然，这种机械强调时间的做法还没有坦率地回答过，如果遇到某些要 12 年或更长时间才出现一次的民俗事项的情况该怎么办。因此，所谓"至少一年"的说法是不具有普遍性的。

一种观点认为，在研究场域停留一年只不过是西方田野调查的一种理想模式。事实上，并不是所有的西方人类学博士论文都要描述其研究对象的一个完整"周期"。调查之所以需要这样长的时间，主要因为了解一种文化委实不易。一年以上的调查时间至少能在一定程度上说明作者为理解一种文化付出了巨大的努力，他获得的资料应该是可靠的。但在今天，有许多所谓的田野调查实际上是跨"田野"的，即调查并不是固定在某个具体的地点，而是分散于多个地点。为了说明各自的问题，研究者需要在各地点穿梭进行采访、观察和比较。

一种观点认为，遵循马林诺夫斯基"一年"的研究传统固然不太恰当，但要遵循米德、费特曼等所主张的"六个月是真正人种学研究的理想限度"这一基本规范也是不合理的，因为很少有人能达到这个要求。这种观点认为，时间不是影响研究者"当地人"身份的唯一因素，一些研究者比其他人更好地"吸收了"当地文化，因此，在同样的环境中，比其他研究者花费更少的时间。所以，不存在研究者应花费的标准时间问题。

另一种观点坚持马林诺夫斯基人种志的研究传统，认为课堂研究的时间不能少于一年。这种观点认为，从学校的工作周期来看，一年对于学校工作是一个时间周期，从研究者与被研究者相互认同的时间来看，也需要较长时间才能得到师生的认同。

随着经济全球化、网络信息化的到来，人与人之间关系更加密切，彼此之间信息交流与沟通的机会也大大增加。同时，中国经济的迅速发展彻底改变了过去传统意义的生活方式，民主与平等的追求也使得被研究者更加愿意接受他人观点，希望获得他人支持与帮助。因此，对于确定时间的问题，课堂研究者应该从三个方面给予考虑：其一，研究者要根据自己的特点、能力和研究风格，确定时间的长短。如有些研究者在很短时间内就能获得他人的认可，问题意识强，善于搜集到对自己研究有关的真实资料。这些人进行研究所需要的时间就可能短一些,相反,就可能长一些。其二,研究者要根据研究的目的来确定时间。正如韦伯所说,"要想考察任何有意义的人类行动的根本成分,首先应从'目的'和'手段'这两个范畴入手"。脱离了目的的研究,就如同无头的苍蝇一样,不仅耗费时间,也没有什么效果。其三,研究者可根据自己时间的允许度来设计研究时间。无论出于一种怎样的考虑,研究者都要清醒地意识到,时间长短并不是课堂人种志研究的唯一标准,时间的长短必须以所获材料的真实性和客观性为基点,为衍生的问题切实服务,忽视了这些而片面强调时间的统一性只可能对研究产生消极作用。

(六)课堂人种志对研究者的基本要求

课堂人种志是操作化很强的技术体系,它要求研究者具有很高的专业素养。这里我们试从四个角度加以阐述,即职业道德、业务素质、专业技能和伦理道德。

1.职业道德

职业道德就是课堂研究者从事课堂志研究活动时的行为规范与要求。它是课堂研究工作得以顺利开展的基本规范,也是工作质量得以有效保证的前提和基础。

(1)敬业精神

敬业精神是职业道德的核心。它要求研究者热爱教育事业,热爱自己所从事的研究工作,坚守岗位,扮好角色,对工作严肃认真、一丝不苟,积极面对工作中的各项挑战。无论何时、何地、何种状态下,研究者都要主动、自觉地严格遵守职业道德规范与情操。

第一,敬业精神体现了研究者对教育的一种热爱和忠诚。如果说教育研究是一种职业,那么,其职业要求的最基本责任和道德就应该是对学术的热爱和忠诚。尽管在自主与入世之间、在个体和社会之间、在基本物质需求和社会价值判断之间,学者们需要博弈和张力的支撑,但对学术的忠诚和对自身的忠诚一样,都是从事教育研究最重要的基础。只有对教育充满热爱和忠诚,研究者才会自觉提高自身品质,加强自身素养,维护学术尊严,摒弃一切丧失自我、追风附势、违反科学规范和学术道德的做法,否则,教育就会沦为牟取私利的工具和手段。

第二,敬业精神是一种严谨治学的科学态度和学术负责的精神。研究者要严格遵循课堂人种志的各种规范与要求,实事求是,求真务实。一方面,研究不仅要真实、可信,而且要有所创新,具有一定学术理论价值与实践价值。也就是说,研究者要在真理的发现、规律的探寻、知识的发现和扩充的基础上对教学理论的发展与繁荣负责,对学术的后果负责。另一方面,研究者要为自己研究的权利和有效性进行辩护,但同时还应保持对权利的责任心,以及对有效性之局限的自觉,必须承认自己并非是超脱现实和人性的研究者,保持一颗普通学者的责任心。由于高深学问处于公众的视野之外,在对待学问上遇到的问题时,公众就难以评判学者是否在诚恳公正地对待公众利益。这就需要学者有良好的道德责任。正如费希特所言,"所有的人都有真理感,当然,仅仅有真理感还不够,它还必须予以阐明、检验和澄清,而这正是学者的任务"。此外,研究者还应提供与结论矛盾或制约结论的事实,在任何情况下他们都必须尽力提出可供其他学者检验的结论,向各地学者社团通报他们的研究成果,可以使其他学者能站在别人的肩上注视目前知识的前沿。

第三,敬业精神是一种执著了解他文化的田野工作精神。

首先,这种精神不存在于书斋和逻辑思维的辩解中,而是存在于课堂,存在于研究者长年对"他文化"的探究、接触、思考与解释之中。研究者不是将自己看作"完全超乎世俗的、象牙塔里的思想家以及极为孤立并献身于玄奥问题的人",而是教学理论的实践者、创新者,在研究中寻找自己的学术生命、学术起点和学术皈依。

其次,这种精神就是一种善待、尊重他人的包容精神。如果说扎根于课堂能让教学理论具备立足于教学生活的稳固根基、充满学术研究的清新空气的话,包容精神则会使课堂研究者获得源源不断的"智慧活水"。它要求研究者在理论的探寻中悉心感悟其间所蕴藏的丰厚的文化意蕴,聆听课堂之中发出的"本真声音"。可以说,在一定意义上,课堂人种志就是通过那些人人皆知的"不起眼"的生活领域的研究,来表现对人的本质、地位和价值的深刻关注,体现了这种研究范式的本土性、草根性和人文性的特点。强调这种精神也许会促生学科理念、研究思维的极大转变。它会使研究者为精彩的平民文化和平民精神欢欣鼓舞,并对许多固有的观念进行必要的反思,从这种反思中得到为学和为人的高度自觉,进而推动学科本身的建设和发展。

再次,这种精神就是一种吃苦的精神。课堂人种志没有旅行般的舒适和愉悦,而是充满了艰辛和无奈,随时都可能会遭受白眼或调侃。研究者在"他文化"和"我文化"的角色转变中难免会产生孤独感和寂寞感。"受过学术训练的人员对土著民族所做的研究,无可争辩地证明了:科学化、条理化的调查可以带来丰富和高质量的成果。然而,正当我们希望科学专家通过劳动获得原始人类新形象的时候,它却在瞬间化为泡影"。类似马林诺夫斯基的遭遇也常常会使研究者怀疑自我,也总不免有些牢骚。然而，无论是寂寞、孤独、痛苦还是欢乐、兴奋、沉迷，使"个性和我的生命之间得到和谐"是课堂研究者应坚持的基本准则。

最后，这种精神还表现在研究者思考和履行一种超越职业生涯的使命。在这一点上，人类学家为我们做出了榜样。如早期的人类学家摩尔根（Lewish Morgen）曾被北美印第安易洛魁人收为养子，尽管他只是拜访易洛魁人；威瑞·艾里温（Verrier Elivin）则在印度的田野工作中娶了当地的女子，成为印度公民的英国人；利莎吉伯德·达比（Liza Crihfield Dalby）在日本承担起一个日本艺伎的社会角色，她承认自己的个体形神兼备；德国学者科特昂可（Curt Unkel）融入巴西亚马逊河印第安人的一个部落，从此一去不返；艾里温则认为，人类学不只意味着实地调查，而是他的"整个生命"。他是定居在当地，和当地人一起生活，同时著书立说，使人类的知识逐渐沉淀直至为他所有。用当代眼光来看，尽管他们的行为有值得商榷的地方，但从他们身上所体现出的对学术的虔诚以及对精神的追求很值得课堂研究者学习和借鉴。

第四，敬业精神是一种敢于开放，善于理解、勇于批判的精神。"开放"是课堂人种志研究的首要精神，它要求研究者抛开个人偏见，摆脱已有环境和文化造成的思维定势，根据研究的需要对自己角色重新定位，在一种不同的文化环境中，以最宽广的视野和最宽阔的胸怀去了解、容纳一切新的现象，并真实地把它呈现出来，让更多的人能清晰地了解未知，延伸人类整体文化的领域。同时，研究者还必须从主位和客位的双重角度实现"理解"的精神，既真实地再现不同地区、不同课堂的师生对于自己教学风格的解释，又要从其自身的角度进行沟通式的理解，形成对这种"风情"的取舍观，在理解中发现，彼此共同分享，汲取不同的教育智慧。库辛（Cusin）曾说，"批判是科学的生命"，没有批判的研究永远不会有超越和创新。课堂人种志的根本特性就是在批判中促进教学理论的发展与繁荣。它要求研究者在"我文化"与"他文化"的对照中，不断展开反思，对已有的教学理论做出批判。

第五，敬业精神就是不断学习的过程。课堂人种志是复杂的技术体系，需要研究者不断在实践中运用、学习和总结，如不同课堂同一现象蕴含的不同社会意义，或同一课堂动态的变化特征，都要求研究者采用不同的研究方法。课堂特征也要求研究者不断学习，扩展自身知识领域。因此，（学者）应当尽力而为，发展他的学科，他不应当休息，在他未能使自己的学科有所进展以前，他不应当认为他已经完成了自己的职责。只要他活着，他就能够不断地推动学科前进，要是在他达到自己的目的之前遇到了死亡，那他就算对这个现象世界解脱了自己的职责，这时他的严肃愿望才算是完成了。为此,研究者不仅要充分吸收西方研究中切实有效的方法和研究成果,吸收社会学、心理学等学科有价值的研究方法,使研究更加规范、科学,而且要在研究过程中不断向其他课堂人种志研究者学习,相互交流、积累经验,在研究中尽量获得更多材料,不断寻求新的思考问题的范式,使自己成为一个名副其实的课堂人种志研究者。

(2)社会责任感

课堂人种志的研究者的社会责任就是既要关心学术与思想前沿,亦关心国事民患,负有人间情怀感。一方面,课堂研究者要认识自身的学术责任、人生使命和在教育发展大趋势的过程中,正视和抵触现实中存在的唯官、唯上、唯权、唯书的"软骨头学术",以及学术界的拜金现象和学术腐败,通过自身和团体努力,推进教育研究的科学化、民主化,促使自身学术品格和素养的提升;另一方面,研究者在研究中应承担一定的社会责任,表现出"迈向人民"的特点,即学问为民、志在富民的人文主张。学者的使命主要是为社会服务,因为他是学者,所以他比任何一个阶层都更能精确地通过社会而存在,为社会而存在,他掌握知识不是为了自己,而是为了社会。费孝通说:"我仍然坚持那个根本之点,是我不能把自己和社会分开。作为学者我还是社会的一员。在那种意义上,我们不能对自己的社会、国家袖手旁观。"

2.业务素质

课堂研究者不仅要了解一名合格研究者所应具备的职业道德规范,还应了解一个研究者应该具备的业务素质和应具备的内涵。业务素质是人们从事社会活动和职业工作所需的基本知识、技能与某些心理素质的总称。在一定的社会分工条件下,每一个社会成员要参与一定的社会活动,都必须具备与既定的、专属的活动领域相适应的业务素质。作为一名合格的课堂人种志研究者,不仅要了解进行研究所需要的基本规范、要求和具体程序,而且要懂得一定的人类学、文化学、社会学、心理学、语言学、教学论等学科的基本知识,并在长期实践中对这些知识加以融会贯通。

(1)人类学

课堂人种志是从人类学研究方法移植过来的方法论体系,人类学理论、知识体系、概念等对其产生影响是必然的。从人类学的发展来看,它的发展实质上是人种志的发展过程,从马林诺夫斯基的科学人种志到格尔兹的"深描法",再到马耳库斯的《写文化》,这一系列的发展不仅是人类学自身及其方法的发展、完善的过程,也在很大程度上是课堂人种志发展、完善的过程。正是在不断吸取人类学研究方法优点的基础上,课堂人种志才形成了当前比较完善的、操作性很强的技术体系。不仅如此,了解必要的人类学知识也有助于加深对课堂人种志这一研究范式的理解。在人类学的发展历程中产生了众多理论流派和方法,这些理论和方法都具有一定的合理性和科学性,都从某一个方面提供了研究课堂的视角和途径。

(2)文化学

课堂人种志提倡的"文化整体观""文化相对主义""我文化""他文化""文化持有者的视野"等等都是与文化息息相关、紧密相连的,只有对文化学知识有所了解,才能对它们的本质和内涵有较为深刻的认识。同时,作为课堂人种志研究的主要对象——课堂,本身就是一个文化传递的过程,是制度文化、教师文化与地域文化相互碰撞、相互融合的过程,是课堂文化发展、迁移、改造和创新的过程。只有了解到这一点,研究者才能在研究中用一种动态的、理解的、开放的视野去看待课堂存在的种种文化现象,并剖析它们产生的根本原因,做出恰当的解释。

(3)社会学

课堂是教学展开的时空场所,教学是学校开展的主要工作和任务,学校则是社会的有机组成部分。毋庸讳言,教育是一种积极向上的价值取向,目的在于实现我们追求的理想,解放个性,促进社会的和谐发展。当然,无论是教师,还是学生都是社会不可分割的组成部分。"教"与"授"的过程不仅受到制度层面文化的影响,也受到不同社区或地区地方性知识、文化的影响。课堂教学的"有为"还是"无为",只有通过对他们的行为产生的社会文化因素进行透析,才能确保对课堂现象正确理解。

(4)语言学

课堂人种志研究是对"他文化"的理解和解释,并付之于文本、建构理论的过程。这一过程是"他文化"与"我文化"对话的过程,也是对语言交流的过程,对语言符号"所指"和"能指"及其不同结构层次意义的理解。善于从语言符号表面离析它所包含的深层意义是研究者必不可少的一种能力,而后期的文本创作是研究者对"他文化"解释的再解释,是"我"与"他"共同合作、创造的过程,研究者需要在"我文化"与"他文化"语言中寻求一种发挥中介作用的语言,即用"他文化"和"我文化"的混同语言来展示文本的客观性、真实性,将"他文化"呈现于"我文化"圈的读者。为了使"我文化"圈子里的读者体验到未临其境却有身临其境之感,研究者常常需要通过各种写作的方式来呈现自己的所获所得。这就意味着研究者必须具有扎实的语言能力和文字功底。

（5）心理学

课堂人种志是"我文化"与"他文化"相互撞击的过程。作为一个研究者，不仅会在"他文化"中会体验到孤独感、寂寞感，而且会在研究中遭受一定的挫折而产生失落感。这种"局内人"与"局外人"角色不断的相互转换都会使研究者遭受精神折磨。为了防止这些情感因素影响整个研究的开展，研究者需要不断调整自己，使自己始终处于心理平衡状态。此外，心理学知识也会使研究者根据人类共同心理特征对被研究者言谈举止的微小变化做出反应，发现他们内心的真实想法，及时采用有效措施，从而获得有价值的资料。

（6）教学论

课堂人种志是回到原点——课堂，研究教学现象的方法论体系。因此，全面、系统地掌握教学理论是进行课堂人种志的基本前提和基础。只有这样，研究者才有可能在课堂现象与教学理论对比的基础上来判断教学实践领域出现了偏向还是教学理论本身存在问题；才能在理论的指导下，形成有价值的真命题，并对资料做出较为正确的分析、归纳和解释，最终推动实践教学的改进和促进教学理论的发展、完善。

3. 能力结构

课堂人种志的研究者不仅要具有一定的知识结构，还要具备一定的能力结构。一般来说，研究者要具有敏锐的观察能力、捕捉信息的能力、与人交谈的能力、准确无误的判断能力等。此外，研究者还应该重点注意以下几种能力的培养。

（1）问题意识能力

所谓问题意识，是指人们在认识活动中经常遇到一些难以解决或疑惑的问题，并产生怀疑、困惑、焦虑、探索的心理状态，这种心理又驱使研究者不断提出问题和解决问题。思维的问题性心理品质，称为问题意识。问题意识的基本特征是提出问题，而不是解决问题。爱因斯坦指出，提出一个问题往往比解决一个问题更为重要。因为提出新的问题、新的可能性，从新的角度去看旧的问题，需要创造性的想象力，而且标志着科学的真正进步。因此，对课堂人种志而言，研究者具有一定的问题意识能力显得尤为重要，否则，研究者在课堂中不是手足无措，就是看到一些重复性的教学经验活动，把一些表象问题看作是真正的问题，发现不了真正具有学术意义和学术潜力的问题。问题意识能力的培养应该从这几个方面出发：首先，研究者需要在系统的学术训练中逐渐培养问题意识能力。其次，研究者要通过大量的人种志作品阅读,了解前人的观点,知道他们的思想依托于哪些文化的观察与体验。再次,研究者应该对当前教育教学状况有较为全面的了解,明白当前课堂研究领域中的热点问题和重点话题,在比较对比中提高自己的问题意识能力。

(2)资料搜集与筛选能力

课堂人种志一旦衍生出问题,就要进行相关的资料搜集与筛选,但这种搜集并不是见到什么就搜集什么、记录什么,否则,研究者就会被"淹没"在材料中而迷失了研究方向。研究者应根据研究的主题和目的,在一定的对比框架中有效地剔除一些不需要的部分,才能把主要的时间和精力运用在对研究目的有意义的资料上,使其发挥作用。因此,一旦产生预设问题,研究者就要拟定相应的参比框架和参比要素,以便在资料搜集中应用。

(3)理论分析和综合能力

课堂人种志要把已经收集到的具体资料组合到一起,通过分析归纳,才能形成抽象概括的结论。如:活勒(Waller)在师生学校生活社会性的研究中,通过深入学校生活,师生交谈,现场观察等,做了大量实地考察,收集了许多原始资料,并在对这些资料的归纳、总结、分析的基础上,得出学生和教师不是脱离现实的"天使",不是教与学的机器,而是与社会相互联系的整体。因此,课堂人种志就是通过广泛了解鸡毛蒜皮的小事,来进行广泛的阐释和比较抽象的分析,否则,研究者得到的只能是资料的堆砌,而不会产生真正有学术价值的问题。

(4)语言能力

语言是一种沟通工具,具有表达感情、调节相互关系、验证语言信息、维护自我形象的作用。熟练地掌握语言能力不仅有助于研究者清晰、准确地把自己的思想传递给别人,避免与他人交流中的词不达意,而且有助于研究者从被研究者的语言中发现他们的真实意图。一般来说,研究者应该掌握的语言能力主要包括语言组织能力、语言表达能力、语言交流能力和语言驾驭能力。此外,研究者还应掌握一定的非语言交际能力,即体势语言,主要包括人的表情、手势、情绪、气质和性格等。在人际交往过程中,非语言的运用往往超过语言的运用。它所表示的内容、情感比言语更多、更准确。研究者既可以用体势语言表达自己喜欢、理解、尊重、信任的程度,也可以通过被研究者的体势语言了解他们的情绪变化,比如压抑、焦虑、恐惧、不安、厌恶、愉悦、兴奋、满意等。

4.伦理道德

任何研究都必须遵循科学和伦理两条基本原则,缺失了任何一条都不会是优秀的研究。与其他研究方法相比,课堂人种志尤其重视研究中的伦理道德问题。第一,研究者作为个体从事研究活动,研究过程中所有的行为举止都对自己具有伦理道德意义。第二,研究者与被研究者的研究方式以及双方之间的关系都会反映出研究者的道德规范。同时,研究者的伦理道德观念会对被研究者产生影响,有时甚至会直接影响他们的工作和生活。第三,课堂研究者群体拥有一些共同的道德观念和行为规范,研究者所做的大都来自这一集体规范。如果研究者违背职业规范,不仅会使研究受到阻力,而且会给研究者(包括研究者自己)进入研究现场带来困难。因此,研究者遵守必要的伦理道德不仅仅是为了坚持原则,也不仅仅是为了自己的利益,而且也是为了别人和研究者群体。研究者所做的一切事情都发生在社会文化的大环境中,他可以通过自己的具体工作推进或减弱社会公德。因此,伦理道德不仅是检验课堂人种志真实性、规范性、科学性的重要标准,也是检验课堂研究者素养的重要标准。

具体而言,在课堂人种志研究中,研究者所面临的伦理问题细碎、具体而微妙。对这些问题的处理常涉及研究者个人的常识、道德观、价值观及对人性的看法,他们必须平衡所承担的对自身、对被研究者、对研究课题、对学校、对社会以及对知识的多重责任。所以课堂观察方法的伦理问题通常是一种情境中的伦理,要求研究者在研究中以敏感、善解人意、设身处地的心态去做抉择,在具体的研究信度中注意具体的伦理问题。

(1)公开原则

在研究前,研究者应该向被研究者公开自己的身份,说明研究的目的、程序、要求、价值、意义与利益,获得被研究者的同意并寻求他们的支持。在研究中,研究者要不断向被研究者公开研究进展情况、取得的成果和遭遇的问题,通过这一方式使被研究者认识到,他在研究中所获得的权益与应履行的义务,从而将自己与研究紧密地联系起来。如果当地人不知道田野工作与他们有什么利害关系,他们不会像田野工作者希望的那样积极配合,因为当地人没有必要同一些与他们没有丝毫关系并且不可能给他们带来任何利益的人交往。同时,在研究过程中,研究者要向被研究者说明其所获得的利益。研究结束后,研究者要将撰写的文本送给被研究者,核实相关信息,征询他们的意见。

(2)平等原则

研究者在研究前一定要对被研究地区的文化、风俗、教学状况、教师专业的发展、学生的学习等都有所了解,尤其在民族地区,这些显得尤为必要。研究者应当将自己看作被研究者中的一员,而不是把自己看作是具有某种特权的"优势"人物。研究者应该自始至终抱着谦虚、学习的态度,尊重他人,平等与他人相处,时时体现出愿意合作、善于与他人合作的诚意,善于通过各种机会和方式,调动他们参与的主动性,尽量避免被研究者把自己看作是获得一种信息的渠道而使他们产生于己无关甚至欺骗感的心理体验。研究的结果应当尽快告知被研究者,并与他们进行讨论以表现出研究者对合作者的尊重。

研究结束后,研究者与被研究者之间应已经建立起了某种友谊,研究者在什么时候、什么情况、以什么方式离开,离开以后是否应该与对方保持联系,以什么方式保持联系,保持多久,这都是研究者应该考虑的问题。一般来说,研究者大都在自己预先计划的时间结束之前离开研究现场。在即将离开之前,研究者应提前告诉被研究者离开的大概时间,使对方有一定的心理准备。此外,研究者离开现场以后,不能像一个猎手那样,捕获到猎物后立即离开,与研究对象不再有任何关联,而是要主动留下自己的联系地址,与被研究者保持联系,并通过各种方式在自己的能力范围内向被研究者给予帮助和支持。对被研究者提出的超出自己能力范围之外或可能受到某种限制的要求,研究者要向被研究者陈清理由,做出说明,获取他们的理解。

(3)互惠原则

课堂人种志研究本身是一个权利平等的关系,涉及双方的利益问题。研究者往往可以从研究成果中获得利益,而被研究者可能认为自己一无所获,把自己看作受他人利用的对象或工具,在心里产生沮丧感、欺骗感,从而对研究采取敷衍或不合作的态度。对此,研究者一方面在研究过程中有针对性地使被研究者在教学上获得非权力支配的提高,另一方面用语言和善于合作的行为向被研究者表示感谢。在很多情况下,被研究者实质上已经从研究中获得了利益,如研究问题能力的增强、教育理论水平的提高、反思意识的觉醒、看待问题的视角也有了很大的变化等。但他们尚未意识到这些,这就需要研究者在研究中不断地给予提醒。具体实践中,一些被研究者可能由于发文章、晋升职称的需要而希望研究者给予支持,或者通过研究达到自己的目的。研究者应该根据自己的情况,积极给予帮助和指导,提高被研究者的教育研究水平,并在教育资源,如教育书籍、新课程改革理念、教育教学理论存在的热点和重点问题提供帮助和给予解读。

(4)补偿原则

在研究者刚一进入现场时,研究场域中的人常常对外来者存在戒心。为了建立良好的关系、取得他人的合作与信任,研究者可以用礼物馈赠的方式增加彼此的了解和感情。一般情况下,不应对研究对象支付劳务费,因为这有可能使他们过分积极,得到由于过分夸大而产生的虚假信息。研究过程中,自己能够做的尽量自己做,如果占用被研究者额外的时间,最好在物质或资金上给予补偿。但在一些情况下,研究者需要被研究者花费时间参与一些活动以求获得更多的信息。一旦研究者认为占用了被研究者额外的时间,或者认为被研究者为研究做出了贡献,研究者应该根据时间的长短、经费的多少以及当地工筹水平确定补偿的"度"。当然,最好在研究之前,研究者就报酬给予的原则、标准向被研究者说明。如果研究者缺乏足够的经费,可以直接向被研究者坦诚以告,诚心请求被研究者给予理解、帮助和支持。此外,研究者在研究中要避免给被研究者带来不公正的待遇,干扰他们的正常生活与教学工作。

(5)保密原则

隐私保密的问题对于课堂人种志是极为关键的环节。对于一个研究者来说,一些非常隐私的信息,如公开或泄露研究对象的个人资料、工资收入、职称评定、专业发展等方面的事情,被研究者往往不愿为人所知。因此,在研究开始之前,研究者应该主动向被研究者许诺保密原则,告诉对方任何情况下都不会暴露他们的身份,一切与他们有关的班级、学校、人名等名称都会使用匿名,必要时还应该删除敏感性材料。尤其在文本的写作过程中,研究者一定要坚守承诺,要对研究对象进行匿名或者相应的处理。

(6)冲突原则

当研究者的研究结果与被研究者自己认为的不太一样时,被研究者可能会对研究者产生不良情绪,冲突的发生就不可避免。这时,研究者应该向被研究者做出解释,并征询他们的意见,根据他们的意愿重新订正有关资料准确的程度,或者根据被研究者的要求,对涉及隐私的部分重新修改。在认真考虑双方观点的基础上,衡量彼此的异同,找到协调的可能性,然后采取合适的策略处理冲突。比如,研究者可以与被研究者商榷,在不影响重大结论的前提下对自己的用词做一些修改,这样做,研究者不仅尊重了被研究者的意愿,而且也使研究的结果保证了应有的公正。

(7)有限原则

一个见多识广并且有伦理意识的研究者的任务是权衡研究的类型、程度、获利的可能性以及尽量避免的危害,因为披露研究的细节或许会影响到被研究者与同事、学生之间的关系，甚至会给他的工作带来不必要的麻烦。当被研究者回顾往事时，某些可能没有正义、不道德的过去会浮现在眼前，从而受到情感或心理上的伤害。有时，研究者不断深入的提问可能会伤害研究对象的自尊，也可能勾起他们曾经不幸的痛苦回忆，遭遇困难时艰难窘境的记忆，还有对所遭受不公正待遇的愤怒倾诉……总之，这些都会激起被研究者对往昔的不愉快的追忆，反而让研究者仿佛置身于伦理的"炼狱"中。对于这些，研究者必须遵循伦理中的有限原则。对于一些在研究者提出保密的情况下，被研究者仍然不愿回答的问题，尽管这些问题会对继续深入研究意义重大，也不能勉强被研究者给出答案。

（七）课堂人种志研究的局限性

毫无疑问，课堂研究借鉴人类学研究方法是非常适宜的。但是，并不见得人种志方法拿来就能用。在课堂研究中运用人种志时，除了要结合课堂研究自身的特点外，还要考虑到这种研究方法的一些局限性。了解课堂人种志研究方法局限性的目的不在于批判，而是要求研究者保持清醒的头脑，扬长避短，最大限度地发挥它的功能。

1. 样本取样存在的局限性

由于课堂人种志是一种微观的研究法，它只涉及课堂现象中的某一方面、某一对象，所以常常受到时空条件的限制。就空间范围来说，课堂人种学研究只能在课堂这一局部、小范围内展开研究，不可能在很大范围内进行，这就不可避免地会使其带有一定的特殊性、偶然性和片面性。同时，课堂人种志研究是定性的而非定量的，很少有能针对大型群体做出的精确的统计性陈述。许多研究者在陈述其研究结论时都表示，他们并没有将其推而广之的意图，并指出，他们所追求的只是对特定情景的更加全面的了解。他们结论的适用性只能通过其他研究者在其他情境和状态下的工作来确定。因此，尽管课堂人种志研究收集的资料数量大、种类多，但是系统化、代表性的程度不高，即使课堂人种志研究得出的结论能相当真实地描绘研究对象并给出有力的阐释与说明，但其研究结果的适用性并不宽。

2. 文化相对论极端走向

文化相对论并不意味着无条件地批评或接受某一特殊人群的所思所为，而是意味着将文化行为放入具体的历史、环境和社会中加以评价。但问题在于，在尊重文化相对论的同时，我们应以什么样的价值评判标准去看待异文化，是用科学的、理性的、进步的、人权的还是其他。把文化相对主义推向极端，成为一种绝对的相对主义,它本身存在矛盾。

那么,在课堂研究中,如何立足于当地实际,尊重不同地区、民族的文化意识,准确把握"我文化"与"他文化"之间的"度"?换句话来说,当研究者发现某种课堂文化是落后的,不仅影响所在地区教育的发展,也对当地学生的未来产生很大的负面影响,但在地域文化的影响下,所认可的主流文化难以渗入到课堂中去,那么,到底是任其自然发展,还是力图加以干涉?如果要干涉,应该把握怎样的一个"度"?对于研究者来说,这确实是一个很大的问题。

3. 研究者自身造成的局限性

无论是通过参与观察,还是深度访谈,研究中所获得的基本资料可以认为是第一手的,但是真实性就很难保证,因为研究者本身就是一种"研究工具",也是运用研究工具的主体,研究是否带有个人主观色彩,是否遵循课堂人种志研究的基本规范和要求,是否运用了恰当的方法和技术等,都会引发他人对研究结果的质疑。不仅如此,研究者视野的局限和认识偏见也会使阐释带有片面性,从而使阐释出现与研究对象本来面目不一致的现象,影响结论的有效性。

第一,课堂人种志要求在自然状态下收集资料,即资料不受研究者的干扰或影响。如果研究者对课堂现象产生干扰,研究对象的活动或行为就可能会由于研究者的介入而发生改变,所得资料就会缺乏可靠性和准确性。为了弥补观察所产生的局限性,研究者需展开一定深度的访谈,但问卷设计的问题常常提供了访谈者有关研究的信息。这些信息在很大程度上已经诱导了访谈者,他们往往会因为受到信息的影响,在涉及利益的问题时做出与表内不一的表现。尽管实际条件也许要求研究者在一定程度上进行干预,但过强的干预可能改变研究者的角色,课堂人种志研究就可能演变为教育行动研究。

第二,研究者为了观察和访谈,就要采取"文化持有者的视野"参与到课堂现象中,这样有助于深入了解研究对象,但研究的过程、结论可能会由于研究者自身的问题而缺乏真实性。同时,在研究中研究者要求始终保持理智的态度,但无论是"局外人"还是"局内人",由于受文化的限制,他们都不可能判断得那么客观。事实上,"局外人"有"进不去"的问题,而"局内人"有"出不来"的情况,这在实际研究中并不少见,这往往会导致研究者在缺少理性的情况下做出错误的诠释。

第三,课堂人种志要求研究者"深入当地人大脑",参与到课堂中并扮演其中的一个角色。毫无疑问,为了提高、保证研究的客观性、真实性和可靠性,扮演其中的某一角色或承担其中的某一职责是无可厚非的,但把这种方法看作是唯一的途径则是不当的,例如,一个研究小学生课堂行为的研究者再怎样扮演也不可能使自己成为小学生。也就是说,一个研究者,不可能完全替代被研究者,所以也不可能了解他们内心的全部活动。格尔兹说:"在很大程度上,研究者并不能感知一个当地文化持有者所拥有的相同感知。他所感知的是一种游离的,一种'近似的''以……为前提的''以……而言的'抑或诸如此类通过这种修饰语言所涵示的那种情境。"事实上,客观性是有局限的,超过一定的限度,客观性也就不再具有可观的意义。

4. 研究时间造成的局限性

课堂人种志研究时间如何确定也是困扰研究者的一个问题。尽管有人认为研究必须持续一年,有人则认为六个月是"真正人种志研究的理想限度",甚至有学者认为持续期从几天到几年均无不可,并不存在应花费时间的标准长度,只要研究的时间足以允许收集到的研究资料能形成一种模式就可以了。无论学者对研究时间如何看待,他们的目的都在于获得丰富的资料,但这显然是一个模糊的概念。真正的问题在于,资料"丰富"的标准是什么,怎样才能判定资料搜集的状况已经达到了研究者的要求。对于熟练的课堂研究者,也许不存在什么问题,但对于一个初学者,则可能存在诸多的问题。尽管有人认为,研究者可以按照时间允许程度来设计研究,考虑到在特定的时间内可得到什么,得不到什么,但在特定的时间内,研究者是否能真正搜集到所需要的资料,搜集到怎样的程度才能达到所认为的"丰富程度"。为了避免长时间的相处而使研究者产生"移情",从而使所得到的资料成为一堆无意义的材料,课堂人种志要求研究者与被研究者之间能够保持距离,但长时间与被研究者的生活相处,研究者不发生情感方面的变化是很难的,厌恶或喜爱都极有可能,这就导致一个两难的话题。时间短了,很难搜集到所需的资料,时间长了,又有可能过于"移情"而沉醉于他者的文化之中而不能自拔。即便在研究者确认的时间内,研究者也会常常没有足够的时间去跟踪观察研究对象,而且对于突发事件和偶然事件,由于研究的非连续性以及采样性的原因,结果会导致研究结论的偶然性。

5. 资金造成的局限性

由于研究课题,课堂人种志需要研究者在研究场域停留一段时间,这常常需要大量资金给予支持。由于课堂人种志在过程中预设问题,当研究目的尚未达到时,资金的短缺就会影响整个研究过程。

（八）课堂人种志的信度问题

课堂人种志研究常常面临着众多疑问,如这样获得的东西,是真实的吗;告诉读者的是真实的吗;研究是否全面,是否带有强烈的主观意向。正如马林诺夫斯基在其日记中写道,他在田野中的真实生活说明他自己的科学方法更像是一种无法实行的理想。他远不是孤身一人生活在土著之中,而是经常与白人珠宝商、殖民官员在一起,他远不是那么全心全意地在参与观察,而是经常待在帐篷里读小说,以解"热带的抑郁",他对土著远不那么"客观",他的日记流露了他对他们的嫌恶,并且多次使用了"黑鬼"一词,他们所谓的科学方法其实是他们自己无法做到的。但也正是这些诘问以及马林诺夫斯基这一开创人种志研究范式的"鼻祖"自己暴露出的问题,从而导致了人们对课堂研究品质问题的追问,即信度问题。显然,作为一种方法论体系,课堂人种志受到他人的质疑是不足为怪的,这就要求研究者在研究中要严格遵循课堂人种志研究的基本规范和要求,尽力提高研究的信度。

1. 信度的类型

戈茨和勒孔特把人种志研究的信度划分为两种:一种是内在信度,一种是外在信度。内在信度是指在一定的相同条件下,资料收集、分析和解释能在多大程度上保持一致。外在信度是一个独立的研究者能否在相同或相似的背景下重复研究。戈茨和勒孔特这样总结了这一点:研究者必须清楚地辨别、详尽地讨论资料的分析过程,并对资料做出回顾性描述。因为信度取决于后来的研究者重新构建出原始分析策略的潜在可能性,而只有那些以足够的细节说明了他们的实地描述才是可以重复的。由于课堂人种志研究是在自然情景中实施,我们不可能完全进行复制,但人们已经提出了一些方法加以补救。做出这一贡献的是哈佛大学教授 Joseph Maxuell。

Joseph Maxuell 认为,从研究者自己的角度来探讨效度问题更有可信度和说服力。他从研究者自己从事研究的经验出发,根据他们如何在研究过程中思考、甄别和处理效度问题的方式,将研究中可能出现的效度分成五种:即描述型、解释型、理论型、推广型和评价型。

正如陈向明教授所言,Joseph Maxuell 在讨论这些类型时只是简单地陈述了一下他的观点,没有给予详细的讨论和举例说明。为此,陈向明教授做了进一步的阐述。

描述型效度指的是研究者在现象或事物所进行的描述的准确度。这一概念既适用于定性研究也适用于定量研究。衡量这一效度有两个条件:所描述的事物或现象必须是具体的;这些事物或现象必须是可见或可闻的。假设一位研究人员到课堂获得了一些数据和研究结果,如果该教室临街,外面很嘈杂,该研究人员听不清楚老师和学生所说的话,那么他对师生互动关系的描述就有可能失真。

解释型效度指的是研究者了解、理解和再现被研究者对事物所赋予的意义的真实程度。满足这一效度的首要条件是:研究者必须站到被研究者的角度推衍出他们看待世界以及构建意义的方法。另外,在试图理解研究对象的真实想法时,我们还必须分清楚他们口头上所倡导的理论和他们在实际行动中所遵循的理论。比如,某位教师可能认为体罚学生是不好的行为,可是在实际中他有可能使用过体罚这一手段。这种情况下研究者必须使用多种不同的研究方法,如访谈和观察相结合,调查不同的研究对象,如学生、学生家长以及学校里其他的老师和管理人员,从而了解该老师所说的"体罚学生是不好的行为"到底是什么意思:是他认为应该遵循的一种价值观念? 还是可以因具体情况的不同而不同?

理论效度指的是研究所依据的理论以及从研究结果中建立起来的理论是否真实地反映了所研究的现象。陈向明教授认为,所谓理论是由两部分组成的,一是概念,比如"学校""好学生""坏学生"等等;二是概念和概念之间的关系,包括因果关系、序列关系、时间关系、语义关系、叙述结构关系等等。例如,某研究人员在一小学对老师如何看待学生进行了调查以后,得出如下结论:老师称有些学生为差生是因为他们成绩不好。这便是一个因果关系的理论陈述。如果这个理论并没有如实恰当地解释该校老师看待学生的情况,称为"差生"因为他们不讨老师喜欢,那么这一理论就缺乏足够的理论效度,不能令人信服地诠释研究对象。

推广效度又称外部效度,是指某研究结果是否可推广到类似的人群和情境。定性研究的目的不是企图通过对几个样本的研究从而找到一种可以推广的普遍规律。它的主要任务是对社会现象进行深入细致和长期的研究,再现社会现象的复杂性和动态性。由于社会现象越深入到本质层面,对人类就越具有共性,对社会现象的深入分析就有可能对处于类似情形的人和事起到一种观照的作用,通过认同而达到一种推广。因此,定量研究意义上的外部推广度并不适合定性研究。一般来说,定性研究主要使用"内部推广度",即在样本中获得的结果推广到样本所包含的情境和时间。例如,在一个小时的访谈中一位女大学生谈到过去六年她在中学学习的情况,只要我们有根据可以相信她的记忆力和说真话的诚意,我们就可以从这一个小时中收集到的材料推出她六年的真实生活情形。此外,在分析资料和成文时,我们对资料进行筛选实际上就已经考虑到了材料的内部推广度。我们挑选某些材料而不挑选其他的材料,就说明我们认为这些材料对表现研究现象更具有代表性。沿用上例,该女大学生在一小时的访谈中谈到在中学六年中和某老师相处不和,并举了三个例子说明这个问题。我们在写研究报告时只挑选了其中的一例加以说明。我们这么做是相信这个例子具有内部推广度,可以代表被访者中学六年中和该老师相处的基本情况。

评价效度指的是研究者对研究结果所做的价值判断。在设计一项研究时,由于我们个人的经验和观念,头脑中往往对要探讨的现象已有一些自己的"偏见"。因此,我们在研究过程中往往会注意到那些我们认为重要的、有意义的东西,而忽略那些我们认为不重要的东西。特别是在从事一项行动性研究时,我们通常带有自己的一个理论框架或者从研究资助者那里得到一个指示。在这种情况下,我们通常会"戴着有色眼镜"去看待被研究的现象,有意无意地挑选那些可以用来支持我们评价框架的材料。比如,当我们调查北京大学食堂的就餐情况时,基于我们个人平时的经验,已经先入为主地对食堂有一些偏见,认为食堂存在很多问题,比如伙食标准太高、饭菜价格太贵、地方太拥挤、环境不卫生等等。因此,当我们走进食堂时,就会不由自主地去注意这些问题,而对其他忽略不计。如果我们采取批评的眼光看待食堂的就餐情况,而没有反映食堂的真实情况,那么该研究的评价效度就比较低。

2. 提高信度的策略

无论是戈茨和勒孔特提出的内在信度和外在信度,还是 Joseph Maxuell 提出的五种效度,抑或陈向明在 Joseph Maxuell 论述基础上的进一步探讨,他们只不过为我们提高课堂研究信度提供了一种可供参考的框架和解决问题的视角。作为一名课堂研究者,首先要认识到,任何一种范式,都是基于一定理论的假设。范式本身并没有对错之分,作为观察的方式,它们只有用处多少的区别。具体来说,研究者应当尽量克服来自外部环境的各种影响观察信度和效度的因素。

第一,坚持正确的观察态度,尽量搜集更多的资料。参与观察和深度访谈是课堂人种志收集资料最基本的方法,无论研究者以何种身份深入课堂进行研究,都必须坚持客观、公正、实事求是的态度,不仅要对教学现象或问题做客观的记录,随时进行整理归纳,而且需努力进入被研究者的角色,去观察并体验他们的思想、感情和行为。也许研究者不可能真正成为其中的一员,如研究小学生课堂行为的研究者再怎么扮演也不可能使自己真正成为小学生,但并不是因此就不可能做出研究。

研究者至少要做到两个基本要求：首先，研究者要努力了解他所研究的对象的教学、日常生活；其次，研究者要能够从他所研究对象的角度理解信息和资料。研究者不仅要被所研究的群体接受，而且像内部人一样行动和思考。但是，当研究者从课堂现场退出的时候，必须保持一种客观的身份。研究者要充分地意识到，课堂人种志之所以对个案情有独钟，是因为这种研究具有挖掘现实深度的本质。它不仅能使我们深刻理解课堂呈现的种种现象，又可以使我们对这些现象中的某些问题不断做出思考，发现其他方法发现不了的问题。同时，为了提高课堂人种志信度，研究者应尽可能收集丰富的原始资料。丰富的原始资料对所研究的现象可以提供一个详尽完整的描述，可以为研究者验证初步假设或结论提供充分的依据。原始材料提供得越充分，读者越有可能对报告中所做结论的信度和效度做出自己的判断。研究者应该清醒地意识到，每一位研究科学的人所应有的精神，总不外乎是要希望求得合理的真知灼见，而不是存心要堆积知识，显得渊博。

第二，反馈法。研究者得出初步假设或结论后应与自己的同行、同事、朋友和其他人分享，听取他们的意见，无论他们对该项研究熟悉与否，都有可能对研究的结果提出有用的看法和建议。熟悉该项研究的人会根据自己的经验提出参考意见，外行往往有一些内行始料不及的新角度，使研究者耳目一新，从而为研究者提供不同的看问题的思路，帮助研究者从不同的层面来检验研究的信度和效度。这种方法应贯穿整个研究工作的始终。同时，研究者也应该从被研究者那里寻求对自己研究的意见，获得他们的反馈。在收集、分析材料时应不断地让被研究者核对、甄别、剔除、解释有关材料，以便更好地对材料进行分类、整理、归纳。研究结束及写出报告后，也应将研究报告交给被研究者，让他们来评价结论。

第三，逻辑推理法。课堂人种志所采用的方法是否合理与研究的对象、目的、理论预设以及遵循的范式等因素密切相关。人类学不乏资料，少的是具体使用这些资料的智慧。也就是说，课堂研究并非知识经验的简单接受。当然，这也不意味着就应当让搜集的各种资料服务于逻辑的推演，只以概念作为研究和论证的核心，以概念来统摄一切。因为，历史从哪里开始，思想进程也应当从哪里开始，而思想进程的进一步发展不过是历史过程在抽象的、理论上前后一贯的形式上的反映。这种反映是经过修正的，然后是按照现实的历史过程本身的规定修正的，这时，每一个要素可以在它完全成熟而具有按照典范形式的发展点上加以考察。历史与逻辑相统一的原则是面对复杂的课堂文化进行研究所应遵循的基本原则。它要求研究者在收集、分析材料以及研究的过程中要不断寻求新的思考问题，并且始终意识到自己的工作只是在此时此刻遵循了某种范式的一种认识活动。事实上,人类学家越来越意识到参与观察方法的内在问题,许多人类学家现在都在书中阐明其在一个社区中的地位,以便让读者能够自行进行评价其资料的价值。这表明,许多人类学家已经意识到了自己作为存在者的有限性,他们所获得的田野资料以及获取资料过程中的思想活动都存在着历史的局限性,意识到自身认识的局限性也正是不断超越这些局限性的起点。这一点也应该是课堂研究者所应注意的问题。

第四,三角互证法。三角互证法是根据多种资料来源或多种资料收集方法的一致性来评价资料的真实性,目的在于通过尽可能多的渠道对我们初步建立的假设或得出的结论进行检验,以求获得该假设或结论的最大真实度,从而提高其信度和效度。为了提高课堂人种志的信度和效度,一方面要在资料搜集的过程中注意恰当、合理地使用参与观察法、深度访谈法,另一方面要根据研究的目的运用其他方法做补充,发挥它们的优势,且使彼此呈现必然的逻辑性、程序性关系。一般来说,在参与观察和深度访谈之前,研究者应该用文献法了解历史背景和现状,用问卷法大面积地抽样了解宏观背景,用个案法实地观察体验、深入挖掘,做小的个案研究。也就是说,把几种方法综合起来使用,力图了解真实情况,获得第一手真实的资料。用问卷获得社区的总体情况,如学校的教学质量、规章制度、教师的教学水平、教师专业的发展状况、学生的学习状况等,用文献法了解研究历史背景,如教师、学生以往的教学与学习情况,然后用访谈做深度个案研究,深入挖掘问卷当中未涉及的比较深入的问题,通过访谈和观察来进行追因,了解表象下的深层东西。

第五,其他验证法。课堂人种志是在自然情景中展开研究,要完全将某一情境加以重复是不可能的,但并不意味着无法对研究的整个过程进行验证。尽管这种验证只是一种表层的、浅描意义上事实的验证,但在一定程度上说明了研究者文本的可信度。如某年某月某日,我去了某某学校,它位于某某地。这是可以验证的,也应该能得到验证。如果做不到这一点,文本就缺乏现场研究的可信度。

课堂人种志并不在于对课堂现象、事件和师生行为情境的描述,而在于经过研究者的分析所得出的意义,在于读者是否通过描述能产生身临其境的感觉,产生心理的共鸣。也许读者从来没有去过研究者进行研究的课堂,但他可以运用自己的逻辑判断证明文本是真实的,并同意其中阐述的观点。

三、课堂人种志研究的基本方法

（一）参与观察法

1.参与观察法的内涵

参与观察法就是课堂研究者在课堂场域停留一段时期,参与到教学生活与日常生活中,与师生共同经历教学事件的发生,按照他们的思维体系去观察、思考问题的一种研究方法。它是课堂人种志的基础,也是课堂人种志最基本的一种研究方法和前提。参与深入的状况如何,不仅关系到预设问题的真假和深度访谈的效果,关系到研究者是否能够搜集到客观、真实地第一手资料,也关系到后期课堂人种志文本的可信度。通过参与,研究者可以发现课堂中存在的困难和问题,感受到真实的教学生活气息和文化状态,这些都是书本上无法给予的宝贵经验和感受,也是教学理论得以发展的智慧源泉。换句话来说,这种研究法使课堂研究者可以深入到课堂内部去观察课堂文化,寻找那些有规律的行为特征的先后次序,注意其在不同情况下的变化。一般来说,参与观察法具有这几方面的特点。

其一,课堂研究者是"参与的观察者"而不是"观察的参与者"。根据研究者在观察现场角色的不同,可以将研究者分为"观察的参与者"和"参与的观察者"。"观察的参与者"就是研究者以旁观者的身份,置身于课堂研究对象群体之外进行的观察。"参与的观察者"就是研究者参与到课堂活动以及在与师生互相交往活动中进行观察,并从被观察者的视角对观察到的现象进行分析和解释。

其二,观察的目的在于从资料中衍生问题。课堂人种志观察并不预先设定问题,而是在观察搜集的资料中衍生问题。因此,如果说具体的目的,它的目的就是搜集资料。

其三,观察过程是从全面观察到聚焦观察的过程。全面观察往往没有特定的焦点,它是研究者在用眼、耳自动收集资料的同时,逐步选择,缩小观察的范围。也就是说,在初步分析课堂所呈现的各种现象的基础上,研究者可以根据自己的兴趣,预设问题,确定所要观察的现象和对象,并展开聚焦观察。

其四,参与观察法可以获得比较客观、真实的信息,而这些信息是采用其他方法难以获得的。研究者与被研究者的长期接触,不仅可以取得被研究者的信赖,而且可以获得他们的认同、支持、协助。同时,对于非言语行为如动作、姿态、情绪、信仰等,只有通过参与观察才可能了解与掌握。

2. 参与观察理论预设的正当性、局限性及意义

尽管在课堂参与观察中研究者被要求对受到的各种知识、文化和理论影响给予“悬置”,以被研究者的思维去看待课堂呈现的各种现象、事件和行为。但这是相对的,而不是绝对的,因为任何一个人生活在一定的社会之中,难免受到所处社会知识、文化和教学领域某一理论的制约。从这一角度来看,参与观察理论预设是必然的。明白这一点,就可能使研究者在参与观察中摆脱两难困境,正确看待“悬置”在参与观察中的作用和意义,看待理论在参与观察中的正当性、局限性及其存在的意义。

(1)参与观察法理论预设的正当性

①观察:一种个性化的行为

观察是研究者个体的行为,观察到的现象也是具体的、个别的。研究者在课堂中看到什么、看不到什么是与研究者信念、价值观、知识结构、问题域、兴趣等息息相关的,对同一课堂现象、事件,不同的研究者可能有不同解释。可以说,看到什么、发现什么是与个性特征紧密相连的。

汉森认为观察包含四方面的内容:第一,图像和陈述在逻辑类型上是不同的,视觉图像和对所看见东西的陈述之间有许多复杂的步骤。我们的视觉意识是由图像支配的,然而科学知识首先是语言的。正如我几乎想说的那样,看就是图像和语言的结合。至少,看的概念包含感觉概念和知识概念。第二,经验要素是同一的,但其概念组织则相去甚远。第三,x 的先前知识形成对 x 的观察。第四,无论做如何解释,其解释总是存在于看之中。人们往往说,解释就是看。其中第一、二点说明了观察中包含的要素:视觉图像、经验要素和科学知识、概念组织两类;第二、三点说明了这两类要素起决定作用的方面:科学知识、概念组织方面;第四点说明了观察的过程构成。汉森认为观察不仅是获得感觉经验的过程,还包括在此基础上根据观察者的知识、理论的推理、判断(联想)的共同推论,也就是我们通常称谓的事实,即"对所看见东西的陈述"。

②观察:一种理论负载的行为

观察不仅具有个性化特征,而且是一种理论负载的行为。在课堂中看到什么,看不到什么,表现上似乎属于个性视野的局限性问题,但在深层次体现了观察的形式与结构问题,即观察的预设性条件。疏忽是没有看到人们看到的东西。疏忽与对象无关,而与看本身有关,而没有看是看所固有的,是看的一种形式,因此同看必然联系在一起。在这一层意义上,看就不是具有"看"的能力并且在注意或者不注意的情况下运用这种能力的个别主体的行为。看就是看的结构条件下的行为,就是总问题领域所内在的对它的对象和问题的反思关系。观察也不再是主体的眼睛去看理论总问题所决定的领域内存在的东西,而是这个领域本身在它所决定的对象和问题中自己看自己,因为看不过是领域对它的对象的必然反思。所以,当以文化持有者的视野去看待他人时,不仅指他们对外部自然的知识,而且是指他们有关自我、他人、外部世界的全部思想和信念,当然也包括我们头脑中的有关教学的各种信念、价值观。这就是理论预设的整体性。正如爱因斯坦所说,你能不能观察眼前的现象,取决于你运用什么样的理论。理论决定着你到底能够观察到什么,它不仅决定了观察的产生,而且决定我们根据研究的目的选择的观察对象和范围。

其一,从科学存在的本身所固有的事实来看,看见什么和看不见什么,并不在于观察本身,而在于观察的形式和结构,它们决定了在观察中所应持有的视角和轮廓。科学只能在一定理论结构内提出问题,从旧有的理论预设的视野出发,置身于就有理论预设的结构,是看不见新问题的。正是凭借不同的理论预设,我们才能占领新的观察位置,置身于新的观察场所,把目光转向以前没有看到的东西上。它使我们明白,这些观念、范畴也同它们所表现的关系一样,不是永恒的。它们是历史的暂时的产物。

其二,理论预设表明,文化也是理论负载的。文化是一种制度性的规范或制度性的构建,意味着把支离破碎的地方性风俗和程序统一起来,形成一个更为同质的整体。它并非是天成的、恒定的存在,而是在我们与他人的接触中,将彼此不同或共同的部分提升到"普遍性"层面的活动。文化又恰恰是使我们与自然的、直接的东西拉开距离的规约和存在,它包括传统的伸展,也包括了断裂基础上的形成。认识到这一点,我们才不会轻信这个社会所承诺和标榜的那些"最高美德",同时也明白,把任一民族文化的特质提升到涵盖一切的普遍层面仍然不过是在已有理论平台或框架的形式变换而已。

其三,理论预设表明,参与观察是一种思维的过程,是思维对课堂现象和事件以及师生行为分析的过程,是思维将其与研究者自身已有理论对比、分析和反思的过程。理论的预设决定了研究者看到什么,看不到什么以及选择关注的现象。而思维本身是由一种结构建立起来的,这种结构把思维所要加工的对象、思维所掌握的理论生产的资料(思维的理论、方法、经验的或其他的技术)同思维借以生产的历史关系(以及理论关系、意识形态关系、社会关系)结合起来。正是理论实践条件的这一体系赋予主体(个体)在认识生产中的地位与作用。这种理论生产体系既是物质的,也是"精神"的体系,它的实践是在现有的经济的、政治的和意识形态的实践基础上产生和形成的。

其四,理论预设表明,参与观察不仅是直观感觉的过程,也是理解、解释的过程,必然涉及语言和概念在认知中的运用和组织。因此,观察不仅涉及各种概念范畴在感知认识中的运用,而且涉及根据语言和理论框架对感知认识的解释。观察中我们所运用的各种术语也都是凭借其在概念和命题框架中的位置而获得意义。所以,任何一个所谓的"事实""客观"都不是中立的。而参与观察所强调的自然主义原则,以"文化持有者的视角"必然要求研究者在观察中秉承它的基本原则和规范。因此,任何一个观察者不可能完全脱离自己理论所许可的分析框架,也不会获得与其理论分歧的独立发现,也正是通过这一途径,建构着一个关于事物的共同的(概念)世界。基于这一事实,我们可以认为,一切经验陈述、描述语句,都是"理论依赖性"或"理论负载性"的。正如库恩(Kuhn)所认为那样,科学观察绝不是一种无选择性、无结构性的,而是经过周密筹划的对特定类型的情况的创造过程。舍夫勒(Schffle)也认为,观察是通过解释、期望和希望而展开的。观察本身就是理论负载的,它是在语言概念的指导下展开的,其所做出的事实陈述依赖于推测性的假设。它作为一个主动的过程,蕴涵着观察者创建并回答一系列变化发展的意向性;它也是一个分类的过程,是根据意向性用先定的概念体系去处理设定的物体和事件。可以说,理论预设强调了理念对引导认识的重要性,它本质上不再把思维视为与现实世界相对立的超验主体或绝对意识的能力,得出了思维由现实条件的体系来规定,并且成为认识的特定的生产方式。当然,观察陈述也不一定得出正确结论,一是观察本身可能产生了错觉;二是观察依赖了错误的理论。如何知道一个观察陈述是否正确,还是要依赖于理论。任何完全独立于理论的"中立的观察语言"是不存在的,任何观察陈述都不同程度地渗透着理论因素。所以,观察陈述并不能像逻辑经验主义者设想的那样,通过观察陈述来给理论提供绝对可靠的基础。

③理论预设是产生问题的基础

课堂人种志不是资料的堆砌,而是在课堂现象中发现问题,解决问题,建构理论的过程。但真正问题的提出,是由理论预设进行的。尽管在直观层面上,许多研究都源于教学实践问题,但只要意识到这些问题的提出只是对原有前设性条件的理论表述,那么,研究中提出的问题就不再是原本的、完全意义上的现实问题了,而是为了使符合人们某种意愿的解答成为这个问题的解答而不得不提出的问题。这些问题不仅被术语及理论基础的表述所支配,也受到现实中实践、伦理、社会的利益预先强加的解答的支配。正如斯蒂芬·杰·古尔德所说的一样,在旧的理论指导下,以旧的框架搜集的新事实,很少能导致思想的实质改变,事实并不"讲述"它们自己,事实是按照理论解读的。

正是基于对这一逻辑的深刻认识,避免原有理论框架的干扰,参与观察并不预设问题,而是在资料的搜集中不断衍生问题,在已有理论框架为参照体系下反复对比的过程。通过对比,我们发现教学实践与理论存在教学实践需要改造还是理论需要修正或扩展的矛盾。我们强调理论预设的目的在于不断增加自身反思的意识,寻找一种新的起点和视角。

现实具有无限多样的内容,一切学科、知识都是从一定观点出发来把握现实,并把所把握的现实的一部分作为值得认知的东西抽象出来进行考虑的。现实对象与认识对象的差异表明,人们总是按照一定的方法,凭借理论建构所提供的观念和范畴来把握现实对象的。课堂人种志就是以我们所依赖社会环境为前提,在特定的教育制度下,根据教育教学基本理论,对课堂现象、事件和师生行为进行观察而展开研究的过程。

(2)参与观察法理论预设的局限性

理论预设局限性的提出,目的不是针对理论的缺陷性进行一味批判,指出它的不可靠性,而是说明任何一种理论的形成、展开都遵循一定认识的特殊逻辑,并与一定的可能性条件密不可分。教育教学理论当然毫不例外。明白这一点,我们才能认识到所谓的"绝对""普遍性"只不过是主观占有客观的表达形式,从而正确认识两者的关系,推进主观性的客观化和客观性的主观化,为理论的解释奠定坚实的基础,促进课堂人种志的发展。一门科学提出每一种见解,都包含着这门科学的术语革命,其隐含的表达是,任何术语自身都包含着特定的、有限的理论体系。寄希望理论自身的不断发展,一项最为艰难又相当重要的工作就是,人类的理性要理性地理解自身的局限性,这就是课堂人种志自觉反思的真实的品质。

理论预设的局限性表现在,首先,已有的理论在很大程度会遮掩我们的视野,阻碍我们的思路,使得我们错过对事物的正确认识。雷蒙·威廉斯认为,理论实际上是指"对实践提出解释的一种思想体系",意义的复杂与变异显示了思维观点的不同、暧昧或重叠。这些不同的含义,无论以任何形式出现,必然包含了对于活动、关系与过程的不同观点。如果承认每一个知觉到的存在都拥有一个普遍地建立的"真理",其表象可能掌握或错过这个"真理"。那么,对于我们是"真的"内容有着完全依赖于我们存在的模式的特殊建构。这种意识往往使我们对课堂现象、事件和行为的理解与解释拘泥于以往理论的框架之中,从而很难探求其发生的真相和意义。这主要表现在两个方面,一方面,实际生活的结构已经预先确定了理论的结构,在无数的场合,我们关于事物的概念都被打造得如此纯粹和绝对,以至于它们并不反映我们的经验,而只有通过对立的概念的限定和改动才使概念具有了经验的形式。因此,对理论预设反思的目的就在于使研究者认识到,在观察中我们不可能以一种纯粹的身份去研究对象,而是受到各种既定理论和惯性思维的影响。一方面,它使我们善于把某一对象从其他对象中分离出来,将有限的资源和精力集中于它的发生、发展,获得有价值、有意义的学术问题;另一方面,它往往使我们在它既定的范围内停滞不前,难以发现教学实践中有学术价值的"真"问题。

不仅如此,客观性、真实性、普遍性、概括性等这些修辞手法,于理论本身毫无意义。显然,我们经常所吹捧对象的内容总是历史的、有条件的,并且不具有其概念所暗示的绝对性特征。因此,所谓完美的知识的终极假设也不能仅仅被看作是有条件的,且仅仅是主观真实或相对真实的,而且在任一时刻有效的每一个单独的假设也应该而且必须如此看待。尽管教育教学理论具有普遍性、抽象化和概括性,然而任何一种理论都是历史的产物,代表了它所处时代人们最高的思维水平,教育教学理论同样也是。虽然我们强调理论预设的不可扭转性,但其实在很大程度上,"它以它的光照亮我们,却遮蔽了我们本应看到的东西。因为领域的光盲目地掠过空间而没有对空间进行反思"。在这种情况下,看不见的东西作为理论上的失误,不出现、空缺或征候隐匿了。看不见的东西不是简单地处在看得见的东西之外,而是看得见的东西本身固有的排除物的"内在黑暗",因为排斥物是由看得见的东西的结构决定的。所以,尽管课堂研究中的任何一种问题的提出都是以假设的排除为前提,但在一定程度上这种思维的逻辑又使我们陷入另一种理论预设的圈套之中,即一种排除预设的预设,从而形成一个两难问题:没有理论的预设,我们在课堂中看不到什么，随后的分析和解释也失去可以依赖的平台；有了理论的预设，我们在课堂中却难以有新的发现，随后的分析和解释都是为了维护理论的完善性而服务的。在两难之中，我们应对理论预设提前预知，承认它所谓普遍性、概括性、抽象性的相对性，在观察中不断对整个理论体系、方法论体系以及自身视角进行反省。

其次，任何理论都受制于一定的社会意识形态，具有自己无法克服的历史时代性。社会的构成不仅在于人们个体及各自占有的场所、使用物和行为，而首先是关于它自身的观念。这种观点常常决定了人们的行为方式和思维方式，决定了对外界、他人和自身采取的态度。观察理论预设使我们明白我们都是社会建构的产物，每一个个体所拥有的价值观、知识体系、思维方式都被打上社会的烙印，受到各种传统习惯的影响。正确意识到这一点，才会避免把自己的私利要求披上客观、中立甚至真理的外衣，在要求别人放弃他们观点的同时却保持自己的观点并强迫他人接受传统。正如格尔兹所说，文化是公共性的，文化的解释就是对其意义探究的过程。同时，意义的追寻使我们聚焦于文化。文化无非就是"关于人与事物的意义秩序"，也就是人进入物质世界的方式。而就所要表达的意义来看，它一方面承认所指大于能指，即一部分必要而又未被明确表达出来的思想残余被遗留在阴影中；另一方面预先设定人们能够借助能指特有的丰溢性，在探寻时可能使那没有被明确指涉的内容发出声音。正如福柯所说，这种双重的过剩就是我们注定陷入一种无法限定的无穷无尽的任务：总是会有一些所指被遗留下来而又待说话，而提供给我们的能指又总是那么丰富，使我们不由自主地疑惑它到底意味着什么。

再次，理论预设的追问在根本上提出的是语境问题，而语境问题实质上提出了所谓"普遍标准实际上只有局部的有效性"的问题。我们在运用自己已有权利对教学本质进行揭示时，一般都埋藏某一集体或群体的特殊意志。在倾听所有人的声音这一基础性的要求上，被遮蔽起来的特殊性从一开始就具有优先性。语境问题的提出使我们看到，在任何一个语言共同体中，语法结构都已经明确了哪些应该是完整的、有意义的或有效的。语言与行为者之间的内在联系使语言的"语法"对时间或生活方式具有构成意义。正如哈贝马所说，语言在任何一个形而上学时代都占据着主导地位，本体论就建立在句法与语汇当中。反过来，本体论又决定了世界的基本结构，而语言共同体又都存在于世界当中。换言之，它们明确了世界成员的整体论的前理解性，有了这个前理解，世界成员就可从先验的角度赋予他们在世界上所遇到的一切意义。具有语言和行为能力的主体从前本体论解释世界，并在语法内部留下来印记,也只有依靠语法内部的印记,主体才可以考察世界中的事件,进而断定哪些事件具有重要的意义,它们又是如何同先验的范畴吻合起来的。语境问题极限化提出的是,任何一个生活世界都用一种共同的文化知识、社会化模式、价值和规范来装饰它的成员,任何一个成员也在这些传统中凭借共同的认知结构来实现认同。

(3)参与观察法理论预设的意义

理论预设的提出对于课堂研究者运用课堂人种志这一范式进行研究具有重要的理论和实践意义。

第一,对理论预设的追问指出一个事实,整体不是我们看问题的视角,而是我们在建构整体。课堂人种志强调从整体的视角看待研究对象,并从它与所处场域中其他因素的相互关系中去分析、认识、理解和解释。对于我们的观察而言,整体本身从来就不是既定的,它们无一例外是我们头脑的建构。它们不是"既定事实",不是我们因其相同的自然属性而自动视为相同的同类客观材料。缺少我们可观察的众多单个事实之关系的精神图式,它们便完全不可感知。当我们对所谓事实进行观察时,不过是凭借理论预设让某种具有相同属性的课堂问题通过现象表现出来,并把它们当作我们所要研究的对象,在课堂现象中搜集具有同样属性的实例。在收集到了充分数量的实例后,才着手寻找它们所遵循的共同规律。所以,把不同的事物相区分的理论概念并不表示明确的物或物的类别,我们只能根据我们可以理解的关系来定义,使我们面对整体的理论预设的基本作用,也根据众多个人对最初变化及其直接后果做出的反应,去重建这个整体。理论预设的核心,是利用图式再现的方式来描述对象的各种关系结构。这表明,离开我们用来建构她们的理论,离开我们重建观察到的诸因素的关系,以及寻找这种特定组合之意的精神机制,这些"整体"并不存在。因此,参与观察不是研究"既定"的整体,而是通过常见因素建构各种模式,来建立起这种整体,是对整体重新架构的过程。

第二,对理论预设的追问,目的在于让我们明白我们的视野受制于理论。马林诺夫斯基认为,田野工作者完全依赖理论的激励,就是作为人种志经典的《西太平洋的航海者》也是一个"描述他们、创造他们"的文本。理论常常赋予我们观察事物的视角,让我们从哪里观察,观察什么,对观察的资料进行怎样的分析和解释,但也往往制约了我们对事物的进一步认识。当然,任何一种教学理论、知识都不是在原原本本把握现实的基础上形成的,课堂具有无限多的内容,所有我们获得的都是从一定观点出发,以一定理论为支撑来把握现实的。对所谓的理论分析(无论是主观主义还是主观主义分析)中未经分析的因素,是学者与社会世界的主观关系,以及该主观关系预设的客观关系。这也说明,课堂人种志的根本要义并非客观事实的描述和说明,而在于理解,使个别的东西在整体中被理解,整体的东西在个别的东西中被理解,用未知解释已知,通过这一方式消解彼此。理论预设的目的在于揭示这样一个现实:在社会科学领域,认识的进步意味着对认识条件所取得的进步。认识到这一点,我们才能加深课堂人种志乃至一切科学都是处在不断发展的过程中的理解,把看不见的东西和看得见的东西有机地联系起来。

第三,理论预设有助于我们对理论与实践关系的重新认识和把握。如果没有理论与实践关系的新概念,就不会有科学的实践观,进而就不会对不同的实践进行确切地区分。我们可以清晰地看到,在面对课堂人种志对象关系上,不存在纯精神观点的理论,也不存在纯物质的实践。参与性并不是肯定观察者拥有什么特权,否定观察者与被观察者之间的距离,或者将该显示的客观意义与使该意义发挥作用的行为人分离开来。因此,我们与被研究者的距离不在于诸文化传统之间的差别,而是在理论关系和实践关系之间的差别当中。它使我们的意识形态斗争不至于成为一种受对手的规律和意志所支配的斗争。更重要的是,这场斗争不至于使我们成为我们所反对的单纯的意识形态主体。恰恰只有正视而非回避理论预设的存在,才能有效地避免意识形态源泉预先建立的封闭性。也就是说,把我们研究的问题从一个由回答预先设定了的,或有保证的问题状态中解放出来,而成为一个开放的问题,具有开放的结构和可拓展的领域空间。理论预设的意义在于,理论预设问题的深刻性影响对对象把握的深度。只有凭借理论预设对问题的深刻揭示,才能使我们看到各种各样以潜藏的、隐喻的或实际的形式存在的东西。

第四,对理论预设的追问,目的在于让我们清楚,我们的任何认识都是历史的、待发展的,而不是无根据的、静止的。不同课堂事件、现象和行为的发生不是从直接可以看到的,它是在已被建立起来的概念中才得以展现的。这些特殊的存在作为社会有机整体的结构组成,只有在这些存在的交织关系中,才能得到对整体的把握和理解。无论在现实或在头脑中,我们都是社会建构的产物。当我们用概念范畴来表现某一特定制度下、某一特定地区的课堂现象、事件和行为存在的形式与规定时,常常是个别的侧面。也就是说,我们认识或深入认识的显示对象在与之有关的认识过程前后都是不变的。所谓对显示对象的认识深化,是以认识对象的不断演变来实现的,并产生了与现实对象相关联的新的观念。我们凭借理论预设看到了以前没能看到的东西时,并不是明确了一个事实,而是把以前当作答案的东西作为问题提出,从而确认了一个新的理论框架中可以理解的事实,它意味着研究场所的变换,包含对旧理论的批判和新理论的建立。马克思说:"人们自己创造自己的历史,但是他们并不是随心所欲地创造,并不是在他们选定的条件下创造,而是在直接碰到的、既定的、从过去承继下来的条件创造。"强调理论预设的存在意义,目的在于说明历史与传统形成的视野以及语言和概念的特性如何限定了"看得见"与"看不见"的各种各样的可能性,指出我们是在一定"成见"的平台上理解所有事物的事实,从而帮助我们理解到各种不同的话语、各种不同的理论要求范围和限度,并确立"以有限对付无限"的知识态度。

第五,对理论预设的追问,目的在于让我们从理解的角度去理解他人,从他者的角度设身处地去理解他人,而不是将自己的观念、文化去强加给他者。课堂研究者不能抱着对所谓他者自身的真实并且是与此在毫无关系的幻想去审视对象,而是首先要确认自己与他者之间的差异,确认双方的历史性,而不是将他人同化为自己,也不是将自己同化为他人。进而认识到,不仅是我们的研究,而且构成我们全部生活平台的传统,既是过去的再现,又是过去在现在的创造。正是在这种理解中,不断形成了我们的传统。基于这种理解的立场,形成了解释的多样性。但需要强调的是,这种解释的多样性并非主观性见解的多样性,而是对象自身存在的可能性。对象在不同的机会中被解释,从而其含义通过不同的机会和解释被重新规定下来。理解本身必然包含划分现实世界以及人们在世界中行动的一种方案和一整套评价方式,承认理论预设的意义在于以理论的临场、参与和凝视处于其场的存在,并且在诉与听的关系中,一面被凌驾于自己之上的东西吸引,一面又形成忘我的超越和开放,从而构建起一个使共同意义形成,同时又参与共同意义的过程。或者说,构造是以共同性为基础,以建构新的共同性的活动。

第六,理论预设表明,任何理论都是协调和冲突的矛盾统一体。理论预设的意义表明,任何一种教育教学理论都不具有普遍性,它可能是某一阶段教学实践展开的主要平台,但也意味着它自身蕴含着反抗和冲突的因素在其中,表明自我不断更新和完善的诉求。以往对理论预设的回避,不仅造成了主客不分且彼此对立的状态,也使参与观察的"真实性""客观性"受到了怀疑。毫无疑问,无论研究者怎样标榜自己的中立、客观,都无法摆脱一定社会和时代的总体性的预先规定,更不可能摆脱已有教育教学理论的纠缠。正如马林诺夫斯基被批评的一样,追求一种绝对客观结果只能是研究者的自言自语,而与事物本身毫不相关。从而造成一切最受意识形态尊崇或鄙视的既成的"毫无争议的事实"。而意识形态这一概念本身就具多元化与宽泛性。特里·伊格尔顿把它表叙述为"把经验判断和被人们大致描述为世界观的那种东西以某种形式联系起来"。阿尔都塞也曾说，"人类社会把意识形态作为自己历史上生命活动必不可少的基本要素和呼吸的空气而分泌出来。所谓意识形态，就是表象地显示生存条件诸个人的想象的关系"。可见，所谓生活在世界中，就是想象地生活在人类与世界现实的关系中。尽管现实关系被想象变形，但却并非是单纯消极的，它也包含着现实关系的真实性。人类正是以这种曲折的方式来表达诸如希望、期待、意志或回忆等。因此，企图否认或摆脱意识形态的遏止是徒劳的，恰恰只有正视它的存在，才有可能使我们懂得认识生产的机制，看到认识的出现、发展、分化，看到支配认识产生的总问题内部的理论断裂和变革等，而这一正视引出了对理论预设的追问。

第七，对理论预设的追问，基于对参与观察这一方法本身自觉的反思品质和精神。任何课堂现象、事件的发生和行为的产生都有一定社会基础和文化背景，课堂研究者不仅要以宽容的态度看待与心中不同的课堂现象、事件和行为，更要以此态度来看待课堂人种志研究本身。课堂人种志研究的意义并非只是为人们描述和贮存下那些已经发生、正在发生以及可能发生的课堂现象，而是要在这种存在中寻求或揭示它们产生的社会文化意义，并把另一处的探询和研究最终归结到对人类整体的全面理解上，拓展教育教学理论领域，扩大人类文化范围。这就要求研究者要以理解的态度去看待课堂存在的种种现象、事件和行为。可以说，理解是课堂人种志研究中必须把握的一条基本原则。这不仅仅是说理解问题已成为关系到人的世界经验与生活实践的整体的问题。不仅科学知识，生活世界的一切经验都是建立在理解的基础之上的，关系到我们教育教学理论如何怎样创新，摆脱教学论危机的问题。只有理解，我们才能一改过去的教育教学理念；只有理解，我们才能对课堂呈现出的各种现象抱以平常心，实现彼此互存与互赢的目的。

3. 参与观察的真实性与客观性释义

在参与观察中，研究者都有可能据理力争，认为他所得到的结果是真实可靠的，但这只反映了研究者的自身思维，也许这种主观结果是与现象是相吻合的，但任何一种课堂现象、事件和行为的真实性和客观性都受到多种因素的制约，它不仅是主客体相结合的产物，具有公共性，而且主体认识的局限性保证不了观察的真实性和客观性。无论是个体或整体，都必然受到一定时代总体思维的影响，这就难免使我们研究所谓的真实性、客观性带有特定的、历史的特征。意识到这一点就会明白课堂研究的历史性、发展性和创新性，推动课堂研究不断地继续深入，进而推进教学理论的发展。否则,课堂研究就会失去理论平台,教学理论的创新也就会失去可凭之源。

(1)真实性、客观性是主客体结合的产物

历史学家克罗齐曾说,"你想要了解新石器时代的利古里亚人或西西里人的真实历史吗?那你就试着(如果你能够的话)在你的心灵里变成一个利古里亚或西西里人吧。如果你不能做到或者不肯做到这一点,那么你就使自己满足于描述和编排发现属于这些新石器时代的人的头盖骨、工具和绘画吧。你想要理解一根草的真实历史吗?那你就试着变成一根草吧;而如果你不能做到这一点,那么你就使自己满足于分析它的各个部分,甚至于把它整理成一种理想的或幻想的历史吧"。也就是说,尽管课堂人种志要求以"文化持有者的视野"和"钻进他人大脑"的态度去进行研究,但课堂研究者无论怎样也不可能完全进入他人的大脑,窥探行为产生的主要动机,我们所谓的"真实性""客观性"只是一种近似的真实。正如布迪厄所说的一样,认识对象是构成的,而不是被动记录的。布鲁纳也认为真实性与其说是关于表现的事情,倒不如说是我们所称的"模型建构"的事情。

因此,课堂人种志的客观性不是纯粹的材料和元素的堆积,而是以"文化持有者的视野"参与其中并获得被研究者的真实想法,探求制约他们的社会文化因素。就如齐麦尔说的一样,一种理论观察的客观性绝不意味着精神就是一张被动的白纸,各种事物都把它们的品质写到上面去,而是按其固有的规律发挥作用,唯有如此,它才排除了偶然的变化和强调重点。那种认为事实"本身会说话",甚至不允许夹杂一丝研究者自身主观的看法,其实就把课堂人种志降至记录仪的地位,得到的也只能是毫无意义的资料。所以,客观性只不过是参与的一种正面的、特殊的方式。正如卡希尔所指出的一样,事实和理论之间的划分纯系人为所致,它把思想的有机性割裂为碎片。其实,根本没有所谓"赤裸裸"的事实,有的只是那些涉及特定的假设和凭借这些假设而被固定下来的事实。所有对事实的证明都只有在一特定的判断蕴涵关系中才是可能的,而这种判断蕴涵关系又依赖于确凿的逻辑条件。所有我们认为的客观性并不是"纯事实",而是主观与客观结合的近似"事实"的产物。恩格斯也说过,一个事物的概念和它的现实,就像两条渐进线一样,一起向前延伸,彼此不断接近,但是永远不会相交,这种差别使得概念并不无条件地就是现实,而现实也不直接就是它自己的概念。所以,事实与事物是彼此分离的,事物是客观的存在,事实是主体对客体加工的结果。阿尔都塞指出,认识从来就不像经验主义所渴望的那样,面临与现实对象同一的纯粹对象。认识加工它的"对象",但不是加工现实对象,而是加工它自己的原料。这个原料从严格意义上说就是它的"对象"(认识的对象),从认识的最初形式来看就已经是不同于现实认识的对象,即综合的结构(感觉的、技术的、意义意识形态的结构)的强力加工和改变形态的原料。那种以为将真实性、客观性绝对化的思维,并希冀以所谓绝对的、客观的事实来表白自己想法的观点,不是出于一种哗众取宠的修辞需要,就是一种无法追求的梦话式、天真的空想和希望。进一步说,尽管课堂现象存在,如果不借助于语言的描述、解释以及概念的运用,我们就不会明白在课堂里究竟发生了什么,也就不知道我们的教育教学理论从何寻求它的源泉之水,而语言和概念是我们创造的,也是主观性与客观性结合的产物,是历史的产物,处在一个不断变化发展的过程中。

(2)真实性、客观性具有公共性的特征

真实性和客观性不仅具有个体性特征,更多地呈现出公共性的特征。从认识论的角度出发,主体的参与都具有自身的局限性以及对特殊的历史假定的依赖。因此,客观不可能给出对所谓纯事实陈述的"客观性结论"。毫无疑问,受一定世界观、文化、价值、知识以及个性化特征的影响,每个个体都有自己独特的视角。在这样的前提下,没有谁能判断出不同世界观的有效性,除非是从一个具体的世界观或自身的世界观出发选用一个视角,由于是选用一个视角,因而也会带有偏见。

因此,要使个体所宣称的真实性、客观性转化为一般意义上所指的真实性、客观性,就需要借助一种公共视角或理论框架。尽管有人认为真正的主体不是天真的人类学"既定存在"的事实,不是"具体的个体""现实的人",而是这些地位和职能的规定和分配。但这种地位和职能并不具有我们所说的那种科学意义上的标准,而是存在于一定历史阶段,体现了人们对真实性和客观性认识过程的一个特定符号,具有权力支配的意味,但在一定程度上表明了真实性和客观性不是个体自身确定,而是借助外在的一种公共性特征的形式或力量。

库恩用有效性来指代"真实性""客观性",并认为有效性问题必须置于一个特定的共同体中才有意义。罗蒂在此基础上认为,有效性与其说是客观性问题,不如说是一个连带性问题。连带性就是一种群体关系,带有共同体的性质,它以自身所属的某一群体为中心,根据共同信仰、利益、立场和范式等来获得或作为判定知识的基准。因此,所谓课堂观察的真实性和客观性并不属于个体,而是公共的产物,不仅受一定的教育教学信念、价值观的影响,而且依赖于课堂研究群体所运用的共同的解释框架,必须获得课堂研究者群体的同意与认可。正如布迪厄指出,客观主义缺少客观性,因为在它对客观事实的阐述中没有纳入实在事物的表象,相反,它构建了实在事物的"客观"表现。然而,当实在事物的表象获得集团一致同意时,它就代表了最无可争辩的客观性。曼海姆也认为,所谓客观性只能被认为是在不同观察者处于共同的参考框架情况下,对有关特定知识主张的认同的适当性标准的运用。所以与社会研究有关的,不是这些自然法是否具有客观意义的真实性,而仅仅是人们是否相信它们并据以采取行动;是人们有关自己能够做些什么的信念。观察的真实性和客观性就是研究者对被研究者的行为做出了社会意义的说明,而不是停留在对被研究者行为的描述中,这种对被研究者行为产生原因的分析必然是其他研究者所承认的。

(3)主体认识的局限性保证不了真实性和客观性

首先,我们对事实的观察和陈述并不意味着对"事实"的理解和把握。所以,无论是想象的还是直接观察到的,总是受到社会现实条件和观念的制约。在课堂人种志中,我们的素材或"事实"本身就是一些想法和观念,而观念呈现为双重性的存在:既是研究的对象,又是有关这种对象的观念。所以,我们所看到的"事实"只是一种哲学建构,而不是历史事实。哈耶克也认为,社会科学与自然科学一样,其宗旨是修正人们对他的研究对象所形成的流行观念,或是用更恰当的概念取代它们。他还认为,不同的人以相同的方式对外部刺激物进行分类,并不意味着个体的感觉性质对于不同的人是一样的,而是意味着不同的人的感觉性质系统具体有共同的结构。当不同的人在共同结构的基点上,对同一对象做出不同的定义或陈述时,其实在一定程度上表明了他们共同受制于所建构的理论。它在我们共享的一种精神结构中组织起特有的感觉和概念,并通过这些感觉概念去认知世界的图式以及它们的相互关系,而这种图式永远是只是暂时的。将素材集的内容当作一些能在独立状态下或在子集范围内予以解释的主题来领会,那就是忘记了索绪尔"随意性和差异性是两个关联性质"的名言,忘记了这些特征中每一特征仅表示其他特征不表示的东西,且这个未受限定的特征只有从它同所有其他特征的关系中,亦作为差异系统中的差异,才能得到完整的规定。因此,这里的问题不是人类有关外部世界的图式在多大程度上符合事实,而是人类如何根据他所拥有的观点和概念决定采取行动,形成了个人属于其中一员的另一个世界。

其次,我们对课堂的认识、教学的解释,都是基于一种价值体系的判断基础之上,是与一定时期我们对教学的认识、价值取向密不可分的。因此,即便是"客观的"的认知也只能从评价活动中产生。我们认识一向是套着观念形式的内容,因为即使是最极端的唯实论希望把握的也不是事物本身,而是对它们的认识。因此,认知即是实现我们对这些概念的意识，假设一方面给定一种被明确建构的理智，另一方面给定一种规定好的客观性，对这种思想来说，"真理"的东西在客观上就预先形成了。这样，认识仍是先于认识确立的观念内容的在心理上的实现。康德说，我们的理性只能理解它，按照它的设计创造出来的，我们必须强迫大自然答复我们的问题，而不是拖住大自然的"围裙带"，让它牵着我们走的涵义所在。明白了这一点，我们就会清醒地意识到，我们对教学现象的种种解释，都是运用自己建构的理论对可观察的事实做作的解释。正如波普尔所说，"我们的理智不是从自然界中引出规律，而是把规律强加于自然界"。

再次，任何关于教学现象、事件和行为的分析、解释都受到一定时期教学理论的支配。课堂人种志所体现的究竟是研究者真实的经验还是其理想观念？这个问题的意义在于表明，我们所理解的理解本身已经不是我们自己的理解了。这说明，课堂人种志研究的重点事实上是分析事物与事实二者如何成为可能的社会条件。也就是说，在教学研究中，究竟哪些条件为它的存在建立了基础，但又阻碍了它进一步发展。抛开这一点，就会把观察降临到记录仪的地位，完全否认教学理论的存在，并导致了对课堂人种志的根本性误解。然而，在所谓中立和客观的"幌子"下，课堂人种志始终摆脱不了有说服力的客观知识与直观表达的理解之间的混杂，并以正确的字眼把前者和后者等同起来。这样，当课堂人种志竭尽全力在对事实做出观察与测量时，其所呈现的东西却超出了一切测量和数量称述的可能性。

（4）真实性、客观性是特定的、历史的

谈到真实性、客观性，我们头脑中首先浮现的是我们对真理和知识的范畴与概念，但它们也不是绝对具有真实性和客观性的特征，之所以如此，是自然主义理性强加于我们的信念，而与事物本身毫无牵连。

首先，我们所说的一切真理、知识、范畴都是以历史形成的共同意义，并以此意义上的先行理解为基础而得以成立的 。正如格尔兹所言，物理学就像生活一样，有绝对的完美，也不会将所有的东西都整理好。它的实质就是一个问题，或进而言之，即你到底花了多少时间和兴趣去投入进去。宇宙真是曲线做的么？这问题并不是那么界限分明和枯燥。理论不断出现又消失，并没有对与错，就像社会学的立场一样，当一些新的信息来了，它可以变化的，物理学在迷惑，恰似生活本身如是这样也会容易陷入困惑一样。它只是一种人类活动，你应该去做出一种人性的判断并接受人本身的局限性。詹姆斯认为，一个真实的观念不可能是固定不变的、静止的性质，真理是发生在意识中的。它之所以为真，是事件使之为真。它的真实性实际上是实践或过程,它的有效性就是使之生效的过程。这种对真理有效性的反思在某种程度上推动了人们探索的欲望。理查德·罗蒂进一步从"人之为人"的角度指出了探索的重要性,认为实用主义对探索的情有独钟是与它的真理观密不可分的,即真理的相对主义倾向。它认为理性主义的绝对真理束缚了人类的活动和创造力,真理本身是流动的,真理的价值在于对真理的检验,而非真理本身。詹姆斯更进一步指出,真理作为观念和实在的符合,绝不是一种固有的、惰性的静止关系或一种稳定的平衡状态,而是一个不断生成和发展的过程;它由许多事件造成,本身也是一个连续证实和使之生效的过程,因此真理必须时刻与人类的现实生活及具体事件相联系;必须在事物中实现,且具有认识上的"时间论"性质,即是人类用经验的相继阶段之间的时间关系来给"意义"和"真理"下的定义。

其次,真实性和客观性受到诸多因素的影响。人的任何活动不只是在思维中进行,更主要的是在语言交往、实验乃至日常生活中进行着的。正因为如此,我们探讨知识时就不可能不涉及到能力、素质与条件。在这里,我们应该把科学或知识理解为动词,即拉图尔所谓的"行动中的科学"。所以,科学或知识是一项公共的事业,而不只是存在于少数知识精英和技术专家头脑中的东西。知识的有效性必须以别人的实际认可为前提。从这个意义上说,他们一起共同构造了知识。知识作为一种"语言游戏",它没有旁观者,而只有实际的参与者。"参与"是表达"地方性知识"的一个关键词。由此可见,知识的主体必定是"共同体"。既然知识的有效性问题归根结底是一个主体间性的问题,那么有效性的实现也必定诉诸说服与劝导论证与修辞手段,诉诸认同、组织之类的社会学原理,并且也与权力这样的政治学问题密不可分。

因此,在课堂人种志中,它的分析范畴,甚至主题的产生都涉及一个假说,一个历史猜测。我们可以根据对某一范畴组成要素的不同预设而得出对这一范畴的不同解说,也可以根据对某一论题的情景预设和价值判断来做出对这一论题的不同阐释。人们往往把文化相对主义基本论题归结为客观性的产物,但这一归结遮蔽了一个重要的问题,即相对论的范围和限度何在。本质上,文化相对主义是在承认人类获得知识的有限性和我们无法把握人类未来命运的基点上,在人类面临未来的突变时,可以为我们提供更多的选择机会。这种论点在为我们的目前与未来确立起一个多元的、社会的和开放的社会的必要框架。它的涵义证明了尼采所说的"真理是最深的谎言"的深切韵味,也就是说一切理论都是特定时期由真实与虚假相对立而构成的真理。真理其实只不过是被多次修正的谬误,现在的真理,在这个意义上讲，就是未来的谬误。过去的视野和现在的视野都不是以其自身存在的，更不存在自我封闭的固定视野。课堂人种志的理解就是以传承的运动与解释者的运动内在的互动来实现视野的不断融合。这说明，我们正是通过他者的存在确认自己的成见，并在视野的融化中建立新的共通性，形成新的理解，就是对所谓的规律的客观性社会科学而言，事实是有关人们对事物的态度意义的陈述，因此它本身必然存在着与时间或空间无关的真实性，包含着人们经验的陈述和断言，表露出人们对事物功能、用途所持有的信念。然而，作为一种经验概括，它必然被否定，实际上也常常被否定。对这种否定取决于理论性对事物陈述的主观因素，一旦我们能够找出与此相关的知识和信念，我们才有可能用以上自然的角度阐述过程，而不是根据人们对事物的观点来定义。

所以，我们一般意义上所谓的事实"基础"，也就是理论的依赖性和意义的可变性，甚至是社会的可变性。因此，基于观察的所谓客观性陈述，只不过是完全的、在新的社会环境和理论框架中可修正的某种特定观点的产物。因此，博姆认为，我们所认识的图景，是一种不断变化的建构的结果，这一建构的功能，事实是作为一类"假设"，与一个人在一定环境中的全部经验所形成的可观察的稳定特征相一致的。萨皮尔则指出，经验中一切有意义的事情，都经过了功能性的或相关意义的过滤器，因此是来自对自然中既有事物的修改。

4. 参与观察法对研究者的基本要求

（1）一般而言，为了避免由于研究者地位、权力、知识等因素给被研究者带来的困扰，消除他们的戒心，研究者并不是在一进入研究点就马上进入课堂进行参与观察，而是在与研究者互相熟悉一段时间、彼此建立一定的良好关系之后才确定所要研究的对象和所要进入的研究场域。

（2）研究者不仅要善于与被研究者建立良好的关系，获得他们的帮助和支持，也要学会与课堂研究场域的其他人员，包括教育行政人员、学校校长、其他教师和家长建立良好的关系。同时，要注意研究中可能产生的干扰。

（3）课堂是观察的主要场地，但也涉及课堂之外的其他场地。课堂人种志是通过对课堂现象和事件的观察预设问题，揭示这些现象和事件中行为产生的深层社会文化意义，但如果将这种观察仅仅限定于课堂是不够的。课堂观察只为我们发现问题提供了途径，但它无法告知师生或生生之间在教室内互动行为模式产生的真正原因。课堂人种志研究必须考虑学生在群体中行为产生的所有背景，如果研究者没有在一个更为宏观的背景之下去解释个体的行为，无疑将会削弱研究本身的科学性,毕竟个体行为是在一定文化背景下形成的。当然,这里的文化不仅指的是课堂制度层面的文化、教师文化,而且包括影响个体行为的各种文化因素,既可能是直接的,也可能是间接的。学生或教师在课堂上所表现的行为特点或模式以及课堂中形成的课堂秩序,不仅是学生之间、师生之间相互影响的结果,也是学校、家庭、社会文化共同作用的结果。因此,研究者在参与课堂观察外,还应参与到班级活动,甚至学校活动中去,如班级例会、主题教育活动、文体活动、科技活动、社会教育活动、班级劳动活动、学校例会、升旗仪式、年级组活动等,在民族地区,还可以参与观察当地民族的民俗活动,如传统节日、宗教活动来考察传统文化是如何潜移默化地传承的。

(4)学习当地的语言。尽管对于语言的学习非议不断,但语言的隔阂会影响研究的效果则是不言而喻的。因此,研究者最好能通晓被研究地区的语言。尤其是在少数民族地区进行研究,为了接触最直观的文化现象,就必须学习当地语言,这不仅有助于拉近研究者与被研究者的距离,获得他们的认可,还有助于发现许多前人书面未载或我们意料不到的宝贵材料,也会使研究者与当地人的关系很快变得融洽起来,有利于研究工作的顺利开展。

(5)在观察过程中认真做好记录。观察记录可以有两种方式,一种是当场记录,一种是事后追记。当场记录是最常用的一种记录方式,它最常用的方法是手工记录。手工记录的主要工具是根据研究目的事先设计的观察记录表或记录卡。设计记录卡的基本要求是:详细注明观察的时间、地点,这是表明原始观察记录的重要凭证;观察内容应具体、详细,应尽量将观察内容数量化,这样可使观察结果更具说服力。当场记录除了手工记录外,还可以运用现代化的技术手段,如照相、摄像等等。在有些场合,当场记录可能不太适宜,如所观察的内容属敏感问题,被观察者对当场记录存在疑虑;在不具备当场记录手段(如遇上突发事件,手头没有做记录的工具)的情况下,就需要事后追记。事后追记一定要及时,并且一定要记有把握的东西。这种方法仅是一种补救措施,其真实性和说服力都不如当场记录,毕竟但追记比不追记要好,在有些特殊场合,只能使用这种方法。

(6)研究者必须使用理性思考,才可能观察到自己所看见的东西。在"他文化"研究中,必然会碰到各种难以想象的困难,也必然受到挫折感。研究者应该正视这些困难,避免自己的情绪影响被研究者,从而造成研究缺乏足够的信度。对此,研究者要做的不是冲动地继续研究,而是不断反省、调节自己的主观感受,待心情平静后,再展开研究。

(7)形成每天写日志的良好习惯。在进行参与式的观察中,研究者应把收集到的资料——一方面是外部的被研究者的行为,另一方面则是内部的研究者自己的内心思考、感受——进行记录和整理。日志就是一种最常见的资料整理方式,它不但会避免把个人的主观感情与研究混为一谈,而且是研究者对自己行为进行反思和审视的最好依据。研究者通过对自己的内心思考、感受的整理与反思,不断调整"局内人"与"局外人"双重角色的天平,达到"局内人"与"局外人"双重角色的平衡。不仅如此,日志还可以使研究者更加熟悉所观察到的一切,为自己的研究提供新的视角和方向,促使研究者改进自己的研究方法,修正自己的价值观念,为日后校对提供原始资料的依据,同时还可以反映出研究者的成长历程。

(8)观察者每次从课堂现场观察后,应详细写下现场观察中的一切,并且记下自己的想法、反省、情感等。观察记录的行为活动应该具有连续性。行为之间不仅是时间上的先后发生,而且彼此之间要有必然逻辑关系。即使是间断地进行观察、记录,也必须分时段进行观察,不能遗漏重要的行为特征和忽视细节的观察,因为有的时候研究数据正是从那些看似平凡和不经意的行为中得到的。通过这些,研究者可以在它们之间发现某些规律性的联系,这也正是研究的重点。

(9)在研究的整个过程中,资料收集和资料分析呈现前后衔接的逻辑联系,一段时间的资料收集、整理和分析导致另一阶段资料的收集、整理与分析,对于研究者而言,课堂人种志研究是一个资料收集、资料分析和问题预设相互交织的综合过程,研究者正是在资料收集和分析中,不断反省并调整自己的视角预设问题,并提出有价值的问题。

5.参与观察法的基本步骤

参与观察分为三个步骤:准备工作、走进课堂和资料的整理和诠释。尽管课堂研究大致分为上述步骤,但是在具体实践中,彼此之间的分隔并不明显。有时不同步骤之间还可能出现重复与交叠现象。比如,实地研究中最重要的观察与分析阶段就常常同步进行,研究者每天整理观察笔记的时候,往往会把自己的诠释与分析同时记录下来。研究者对观察结果的分析可能导致研究者放弃原来的观察重点,修正自己的计划,转向新的观察重点。从这个意义上来说,课堂研究的过程是一个非线性的过程。线性过程遵循一系列固定的、按时间顺序排列的步骤,而非线性过程在进行时有可能前进,也有可能后退,甚至可能侧行。虽然研究者的最终方向是前行,但这种前行可能以"螺旋状"进行,研究者在盘旋和重复中获得新的观察资料,得到新的感受,如此反复进行,直到实地研究的结束。

（1）走进课堂前的准备

①在进入课堂时，研究者应当事先征得被研究者的同意，并尽快在研究者和被研究者之间建友相互信任的关系，建立一种友善的氛围，这是进行参与观察的前提条件。

②制定观察提纲。观察提纲应该包括观察的内容、对象、范围，观察的具体时间、地点、次数等。尤其在课堂参与观察中衍生问题后，研究者应根据研究的对象制定一个更为详细的观察提纲，主要包括如下几个方面：我计划观察什么；我想对什么人进行观察；我打算对什么现象进行观察；为什么这些人、现象、内容值得观察，他们彼此之间存在什么联系；通过观察这些事情我可以回答什么问题；我打算在哪里进行观察；我与被观察的对象之间是否存在信任感；我观察的结果对被研究者有什么影响等等。

③准备相应的工具。为了保证观察记录的详细、全面、迅速，研究者需要准备标准的观察表或卡片等。例如准备一个按年龄、性别、年级等分类的观察表，也可以准备一些速记符号以便加快记录速度。同时，研究者也可以在征得被研究者的同意下使用录音机和照相机对课堂进行记录。

（2）走进课堂

①介绍自己。在初次进入课堂时，为了避免由于学生的好奇心而导致对课堂的干扰，研究者可以自己或请班主任、上课教师就自己以及即将展开的研究做一些简单的介绍。

②确定观察点。确定观察点就是研究者对自身在课堂位置的确定。研究者可以坐在教室的前面或后面，也可以坐在学生的中间。位置选择的不同，存在的利弊也不同。坐在前面，由于受到视野障碍，只能注意到一部分学生的神态举止，很难顾及后面的学生行为；坐在后面，虽能注意到整体学生的行为举止，但对于他们面部表情却无法得知，很难判断他们行为的产生是属于从众行为，还是发自内心；坐在学生中间，虽能重点关注某些学生，但有时会给周围的学生造成一种压力。因此，研究者要根据研究的过程、问题的衍生等确定自己在课堂观察中的位置。一般而言，在刚一进入课堂观察时，研究者可以以前后轮坐的方式对教学发生的整个全程给予扫描，一旦衍生出问题，就可以根据研究对象的不同而选择恰当的观察位置，如坐在研究对象的旁边，对他的行为进行聚焦观察。

③研究者要尽量保持自然，在观察过程中尽量做到不引人注目。在观察过程中，当研究者发现某一学生产生与教学规范不一致的行为，如学生对教师讲解感到

迷惑或对老师提出问题愁眉莫展时，研究者不能因为好心去干涉，应避免引起其他学生关注，以免造成课堂程序的混乱。

④注意角色转换。研究者要在研究中始终保持双重的角色，并在不同情境中注意角色的转变。在观察的过程中，研究者先要采取主位研究方法，以"局内人"的思维进行思考，用当地人的思维认识理解课堂现象和行为，资料搜集结束后，又要采取客位研究方法，以"局外人"思维体系对这些资料加以分析。否则，观察者在一个陌生的文化模式中只能看到若干要素，而且很容易以自己的文化法则来解说这些要素之间的意义。

⑤观察既要全面，又要细致深入。观察的内容主要包括这几个方面：情景条件，即被研究者活动的课堂场域及其背景，主要包括：a. 课堂环境，如空气、光线、桌椅排放，学生座位的安排、标语的装贴等；b. 教学活动，即被研究者围绕着教学任务展开时所表现出来的各种活动，如教学组织、课堂管理、学生活动等，不仅要注意观察课堂活动的整体状况，还要注意观察课堂中的个体活动，关注师生在教学中呈现的言谈举止、行为习惯、情感或情绪的表达方式；c. 人际关系，即课堂呈现的师生关系、生生关系、个体与集体关系、孤立者、中心人物；d. 目的动机，即被研究者的行为目的、深层动机和目的与动机是否一致等。尽可能把观察到的一切细节都记录下来，因为在参与观察时，研究者很难确认事情的重要程度，一些初看不重要的细节后来可能被认为是很有价值的。深入既包括观察时间的持续与持久性，也包括多点观察、重复观察等形式，它是观察活动成功的关键所在，唯有深入，才能看清对象的全貌和事件的真相。因此，深入观察是避免观察误差的一条有效途径。

⑥观察记录既要包括观察，又要包括理解。研究者在记录课堂呈现的现象、事件和行为时，应当记录自己对它们的所思所想，做到把观察与思考、分析结合起来，尽力捕捉有用的信息，并从中检视个人原有的偏见，不断修正自我。

(4)资料的整理和诠释

①资料的整理

观察后尽快整理记录对于研究者是很重要的。研究者应当以观察记录为线索，回忆整理出详尽的笔记。通过实地研究，获得一手的原始观察资料。这些资料多以文字资料为主，但还必须对这些原始观察资料进行分析和解释，才能从中发现行为的模式和意义。因此，研究者需要对资料进行分门别类的整理，建立档案，这是发现行为模式和意义过程的第一步。观察后所得的事实资料一般是零乱、分散的。在观察后，必须及时进行整理与补充。研究者应根据课堂观察到的资料状况及时对其分类、归档、统计。为了发现可能的行为模式与事物潜在的意义,档案的建立应依据研究性质及数据分析的需要而定。档案种类很多,一般可以分为这几大类:a. 背景档案,主要包括课堂现象、事件、行为发生的背景、时间、地点与主要人物;b. 人物档案,主要包括教学活动中的主要人物的材料;c. 直观档案,主要包括研究者对课堂场域情景的描述与听到话语的描述。为了确保搜集资料的准确性,研究者还要对有关的资料进行必要的补充,对缺漏、错误记录的资料进行及时修正与追补,使之系统化。

②资料的诠释

在课堂人种志研究中,观察和诠释是紧密结合在一起的。按照一般规则,研究者需要在观察的资料中发现相同点和差异点,以期对被观察对象做出一个全面、准确的把握和描述。一方面,研究者要在被观察的事件中寻找共同的模式,即研究对象的共同教学行为模式;另一方面,研究者还必须发现差异,即发现违反一般教学规范的异常行为。因此,对课堂观察资料的分析是课堂人种志的重点,也是问题得以衍生的重要途径。这种分析不是研究者主观的理解,而是以被研究者的理解为基础。所以,参与观察的目的在于用被研究者视角去看待课堂呈现的各种情景,而不是为了阐述研究者个人的观点。具体而言,研究者对资料的诠释可以分为三步:

第一步,研究者应把所搜集到的资料内容置于一个大的背景之中,进行纵向与横向的比较。纵向比较指研究者把资料的内容与以前的内容相比较,而横向比较则指研究者把被研究者或某一课堂现象、事件和行为与他人或其他课堂现象、事件和行为相比较。

第二步,研究者就资料内容进行诠释,试图对资料赋予适当的社会和教育意义。

第三步,研究者将资料与自己的观念、认识联系在一起,全面把握课堂现象、事件和行为发生的情况以及它们所展示的关系和意义。

通过上述三步工作,研究者就能以资料为基础,发现课堂教学存在的问题。为了避免参与观察中衍生伪命题,研究者应该注意这几个问题:其一,主观偏见。研究者可能会从自己认为有意义的方面来解释观察对象的行为,使研究结论缺乏客观性。其二,分类误差。研究者可能仅仅通过对观察资料的分类就做出结论,因此应当仔细检查度量尺度的正确性。其三,原因误差。研究者可能会简单地把某一个因素作为另一个因素产生的原因,忽略了其他多种原因的思考,导致结论的简单化。

(二)深度访谈法

1.深度访谈法的概念及其内涵

深度访谈法也被称为无结构访谈法,它是一种无结构的、直接的、一对一的访问形式,在课堂人种志研究中占有极其重要的意义。所谓"深度",就是通过了解而获得关于课堂现象的更多细节。课堂人种志重视访谈主要基于两个方面的原因。一方面是基于一些特定的社会事实,社会上某些群体比研究者更了解这些事实的真相,甚至比研究者更清楚这些事实产生的根源以及解决这些问题的方法。另一方面是基于要深入事实内部。

深度访谈方法涉及的问题和模式都不是预先设定好的,访谈的每一步都是未知的,无论是研究者所提的问题和提问的方式、顺序,还是被访者的回答内容、回答的真实准确性,以及谈话的客观环境等,都是不统一的。研究者事先只是确定了简略的访问提纲,大致明确研究目的以及访谈所希望得到的结果。在访谈的过程中,研究者只是给被访者一个研究主题,研究者和被访者就这个主题在一定的范围内自由交谈。所有的问题都是在访谈的过程中生成和提出的,是研究者和被访者共同创造的,并没有特定的范围和严格的标准。

深度访谈不仅仅能充分发挥研究者和被访者的积极性,更重要的是,研究者有充分的时间和机会对研究的问题进行深入的探索和讨论,做全面深入的了解。这样,研究者可以深入被访者的日常生活环境,从而获得和被访者共同的生活交流平台,考虑被访者的思维习惯和价值观,逐步使自己和被访问者站在同一立场上思考和观察问题,从而获得与研究问题有关的丰富生动的社会背景材料。而这些看似不起眼的研究背景,常常会给整个研究带来重大的突破。最为重要的是,深度访谈能够对研究问题进行深入的剖析。在研究方法中,只有深度访谈才能够从同一研究对象获取大量的信息,包括与研究目的密切相关的讨论以及日常生活环境下的一些细节。这些信息构成一个完整的研究客体,更能从较深层面反映研究主体。同时,在深度访谈中,访问者和被访者之间的互动相互联系,相互影响。研究者既要引导被访者对问题有正确的理解和合理的解释,又需要在被访者回答不完全的时候,通过追问等方式把回答补充完整,还需要随时保持反思性的观察,以便能够在访谈中有新的发现和新的突破。在这种研究方法的指导下,访谈将不再是单纯搜集资料的过程,而成为研究的一个重要环节。

因此我们可以得出这样的结论:深度访谈是对被访者访谈时赋予自己的话语

意义以及被访者赋予访谈场景(包括被访者当时的衣着、神情、行动和访谈场地)的意义的探究。一旦研究者明确了这一点,便可以一种积极的态度和立场去实现这样的探究。在这个意义上,深度访谈既是搜集资料的过程,也是研究的过程。

2.深度访谈法对研究者的基本要求

(1)在访谈开始之前研究者需要充分了解被研究地区的风俗和文化,包括被访者的生活环境和生活情况。通过这种途径,研究者能够提前融入被访者的教学生活环境中,掌握到一些双方都认同的基本知识和基本文化,建立平等的对话平台。在这个基础上,研究者能够比较容易拉近与被访者的距离,为访谈营造一种相互信任的融洽气氛,使被访者乐意接受访谈,为深度访谈的顺利进行打下良好基础。

(2)研究者在深度访谈的过程中始终要营造一种轻松、愉快、友好的气氛。要学会倾听,不要随意打断被访者的谈话。

(3)研究者要对自身的日常生活知识体系以及社会科学的体系进行悬置,也就是暂时中止研究者原有的自然态度以及科学态度的判断,也要对某些东西的习惯性信仰,包括对传统的割裂、个别与一般的理论框架的进行悬置。当研究者进入访谈现场开始工作时应全神贯注地去感受访谈对象的各个侧面(包括外貌、衣着、神情、语言,也包括访谈进行中的环境),这些往往被赋予了一定意义,从而获得对访谈场景意义的感知和认识。

(4)确定受访者是否"愿意"或者"能够"把真相告诉你。访谈的根本目的在于通过与受访者的交流而获得所需要的信息。但是由于种种原因,被访者并不一定具有把相关的事实真相告诉给研究者的"能力"。有时候,受访者完全能够回答研究者提出的问题,但是由于其他原因,被访者并不愿意把真相告知研究者,而且如果研究者提出的问题与被访者有切身的利益关系,被访者往往会出于自身利益的考虑而伪造现场、提供虚假信息。

(5)访谈者在访谈期间要做仔细的访谈日记和"录音式"记录,而不应主观地压缩话语或小结,以免丢失信息,以保证能以富有启发的、自然的方式来实施访谈和诱发互动性谈话。

(6)在访谈现场要进行全方位的观察,尤其要善于通过细节深入被访者的内心。在深度访谈过程中,要注意一些具体的细节,并善于从细节发现受访者隐藏在内心深处的社会意义和文化属性。我们不能仅仅关注研究的主题和与被访者沟通的访谈内容,还要注意被访者的细节问题。除此之外,被访者的身份、地位、经济条件等客观因素也会影响被访者的思维方式和价值观，了解这些对深度访谈具有同样重要的意义。

(7)除深度访谈外，研究者应该注意大量非正式场合的谈话记录。尽管研究者与被研究者建立了一种坦诚合作的研究关系，但被研究者可能由于种种顾虑不愿在正式场合展现自己的行为和内心想法，而这些信息恰恰是难以得到的真实信息。实际上，许多可贵的信息往往是在非正式场合获得的。

(8)研究者要善于掌握时间，在预定的时间范围内结束访谈。如果在预定的时间内不能结束访谈，应该在被访者允许的条件下，另行约定时间，避免由于时间过长导致被访者注意力的不集中。

3. 访谈前的准备工作

由于访谈是一种社会交往过程，研究者只有在社会互动中与被访者建立起相互信任、相互理解的关系，才能使被访者愿意积极提供资料。被访者一般不会主动向"陌生人"提供资料，这就需要研究者认真地做好访谈前的准备工作，与被访者建立起良好的关系。

(1)事先尽可能详细了解被访者的有关情况。在正式进行访谈前，需要对被访谈对象的工作内容进行一个大致的了解。一般情况下，为了使访谈的主题尽可能有效，获得受访者好感，并使访谈顺利地进行下去，研究者要对被访者背景情况有基本的了解，如受访者的性别、年龄、职业、文化水平、专长、经历、性格、兴趣、习惯等，特别要通过自己的观察、学校已有的资料和他人的访谈等多方面的途径对被访者做尽可能多的了解。由于参与观察与深度访谈呈现彼此交叉和相互衔接的过程，在参与观察中，研究者一般对被访者的各种背景可能有了较为深入的了解。不过，在起初的访谈之前，对这些问题再做一次完整、详细了解还是有必要的，可以订正自己事先了解的一些错误，也可以进一步加深对这些材料的认识。另外，研究者的穿戴要自然、整洁，避免过分讲究而引起被访者的不适感。

(2)选定部分主题，设计访谈提纲。撰写访谈提纲，并提前一天将访谈提纲送达被访谈人以便于其准备，提纲可以包括一个或几个相关的主题，对于需要被访者思考的重点问题，用符号标明，提醒被访者重点准备。事先准备的访谈主题必须具有开放性。研究者要就访谈的内容、程序，以及访谈可能发生的问题要提前预备。由于被访者对事先准备好的回答和随之而来的问题都是研究者无法预知的，因而访谈必须以一种谨慎的和理论化的方式来加以改进。在具体的访谈过程中，研究者不能试图去确定和提出每一个事先安排好的具体问题。

(3)确定访谈的具体时间、地点和场合。为了保证被访者能够自由、准确地回答问题,访谈的时间、地点和场合应该由被访者自己来确定。当被访者由于种种原因不能确定时,研究者应该根据访谈的主题自行确定,并获得被访者的同意。为了访谈的顺利进行,保证访谈的质量和效率,研究者必须正确地选择访谈的时间、地点和场合。一般地说,访谈的最佳时间是被访者工作、家务不太繁忙而且心情比较舒畅的时候。访谈地点和场合的选择要以有利于被访者准确回答问题和畅所欲言为原则。有关个人的问题则以在家里访谈为宜,有关工作方面的问题,以在工作地点访谈为宜,这样有利于营造一种较为融洽的访谈气氛,也有利于被访者寻找或核查答案,以便研究者得到准确的信息。

(4)准备好相关的技术工具。为了使被访者专注于谈话和获得完整的谈话资料,在征得研究对象同意的前提下,研究者可使用录音的方法。录音可使资料完整、具体,避免笔记中的误差,还可以节省时间。但如果被访问者不喜欢其谈话被录音,研究者则不能勉强,否则就会影响被访者的情绪,使谈话难以进行下去。为了保证录音的效果以及避免临时出现故障,研究者应该提前检查相关的录音设备。

4. 提出话题的技巧

在访谈中,话题的引出是一件很有技巧的事,如果话题引出的方式不太恰当,就会引起访谈的不畅,甚至引起对方的反感,访谈不仅难以继续下去,随后的工作也难以开展,即使双方处于一种相互的尊重理解而使访谈勉强下去,访谈也缺乏真实性。对于经常运用这一方式的研究者来说,他们可以轻车熟路地从某一话题开始,并引起被访者的兴趣,激发他们乐于接受访谈和问题。对于不太熟悉这一方式的研究者来说,就应该从以下几点进行考虑:

(1)话题的展开应该从日常生活中最细微、最普通的方面入手。研究者可以从一般的兴趣领域入手,逐渐发现被访者的兴趣点,然后再集中展开。因为在访谈中,被访者会对他自己感兴趣的话题有更多的叙述和表达。兴趣领域就是指被访者的日常生活领域,主要包括被访者生活的情况与环境。日常生活之所以可以作为话题引出的主题,主要在于访谈者和被访者双方都处于同一个地方性历史的自然态度之下,除此以外,还有一个重要原因,即他们会以社会行动来应对他人转向自己的社会行动的原因动机。由于日常生活中的互动者总是处于一种互动的意义脉络之中,所以对于彼此的理解可以得到即时的检验与纠正。被访者的日常生活是直达理解的重要途径,也是访谈研究得以更进一步的基础。

(2)研究者可以根据前面对受访者了解的一些基本信息,如工作经历、学习情况、特长、兴趣等，或访谈时的穿戴、神色，或双方共同的爱好或关心的问题，以此拉近彼此的距离，激发受访者兴趣，积极主动地展开话题。

（3）被访者的个人生活经历是话题展开的最佳切入点。这不仅因为生活经历一般都是被访者的兴趣所在，更重要的是，生活经历的叙述有助于我们达到对被访者行动的理解，达到深度访谈。从研究者的个人生活经历出发，我们能对访谈内容和访谈场景的意义给出一个合乎逻辑和情理的解释，同时，我们也可以由此获得对被访者就访谈内容所建构的意义逻辑的解释。显然，把握了这样的逻辑，也就抓住了被访者赋予访谈内容的意义。同时，从个人生活经历引出话题也可以使被访者放松戒备，开始一种自然、主动和连贯的叙述，这种叙述会清楚表达被访者的叙述意图。另一方面，从被访者自然讲述过程中，研究者可以发现和触及被访者的兴奋点，有利于引导访谈的深入，进而根据被访者对日常生活的态度了解被访者对社会和人生的看法。

5.话题展开的技巧

（1）研究者所提出的问题应该是被访者所感兴趣或关注的话题。这样可以消除被访者的拘束感，创造有利的访谈气氛。同时，研究者要鼓励被访者真实、客观地回答问题，不必对访谈的内容产生顾及。

（2）当被访者在回答问题时，研究者必须做到边问、边听、边记，还要不时使用"嗯""对""听懂了""很有意思"等语言信息，或者用目光和手势等非语言信息鼓励对方继续谈下去。当被访者谈到成绩时，应为他高兴，当他叙述到不幸的事情时应表示同情。

（3）研究者要始终保持客观、公正的立场，提问题要简单明白，易于回答；提问的方式、用词的选择要适合被访者的知识水平和习惯。对研究对象不理解或理解错了的问题，研究者可以适当做些解释，但不要给研究对象以任何暗示。在访谈中，有些被研究者往往注意研究者在某一特定问题上的意见，并从研究者的谈话中寻找暗示，以迎合研究者，这往往会造成研究资料的"失真"。另外，对于在交谈中存在的一些不同看法或有争议的问题，研究者应保持客观、中立的态度，而不应有倾向性或诱导性的任何表示。对于被访者的回答，无论正确与否，都不宜做肯定或否定的评价，更不应去迎合或企图说服对方，而只能做一些中性的反应。如"你的想法我已了解了"，"请你继续说下去"等，以鼓励对方把内心的话说出来。

（4）注意访谈中的非语言交流。在人际交往中，语言是重要的交流手段。但除语言外，语气、眼神、表情、手势等都能表达某种含义。在访问过程中，研究者匆匆记录表明讲话的内容非常重要;东张西望说明注意力已经转移;频频看钟表,说明希望加快速度,尽快结束谈话等。在访谈中通过这些细小的行为、动作、姿态来传达或捕捉信息,往往能表达语言不能表达的内容。

(5)在访谈中,研究者要鼓励被访者自由发挥,但避免被访者过于发挥而出现偏题的现象。研究者应该按照面谈提纲的顺序,由浅至深地进行提问,当访谈者发现话题与所涉及的主题偏离过大,应该委婉地加以提示,如果是被访者的回答离题太远,就应寻找适当时机,采取适当方式,有礼貌地把话题引向正题,引导被访者回到所要了解的主题。同时,要善于根据被访者的兴趣调整访谈内容。对于访谈中涉及的敏感性话题,要根据访谈者的态度决定话题的中止或继续,如果这一敏感话题对于研究特别有意义,非要得出一定的结论时,研究者一要向被访者做出保密的承诺,打消他们的顾虑。当被研究者一时难以决定是否向研究者坦诚胸怀时,研究者应该给被访者一定的考虑时间,再根据被访者的意愿确定是否就此问题展开再次访谈。一旦得到被访者的同意,研究者应该立即展开访谈,并将访谈的结论与被访者的行为结合起来加以观察、对比,以保证访谈结论的真实性。

(6)给予合理的引导。当交谈中遇到障碍不能顺利进行下去时,就应及时加以引导。要根据具体情况,采用适当的引导方法。如果是被访者没有听清所提问题,就应用对方听得懂的语言将问题再次复述一遍。例如,"我想你可能没有听清楚我刚才提出的问题,我再说一遍";如果是被访者对问题的理解不正确,则应对问题做出具体解释或说明;如果被访者一时遗忘了某些具体情况,就应从不同角度、不同方面帮助对方进行回忆;如果遇到一些研究对象不善于交谈,研究者要耐心细致地加以引导,并让对方有充分思考的时间。

(7)在访谈中,要善于追问。通常在遇到下列情况的时候需要追问:被访者的回答前后矛盾,不能自圆其说的时候;被访者的回答残缺不齐、不够完整的时候;被访者的回答含混不清、模棱两可的时候;被访者的回答过于笼统、很不准确的时候;研究者对一些关键问题的回答没有听清楚的时候。追问包括直接追问与迂回追问。直接追问就是直截了当地请被访者对未回答或回答不具体、不完整的问题再做补充。迂回追问即通过询问其他相关联的问题或换一个角度询问来获得未回答或未答完的问题。对于一些简单的问题,如研究者对某个具体数字没有听清楚,可在对方回答问题时立即进行追问。对于一些比较重要、复杂的问题,则应记下来,或在记录本上打上标记,留待访谈告一段落后集中追问。

6. 结束话题的技巧

做好访谈的结束工作是访谈活动的最后一环,也是重启下一轮开始的基础,前面访谈工作的展开状况必然会对随后的工作产生积极或消极的影响。为了使访谈活动做到善始善终,研究者应注意以下几个问题:

首先,研究者要掌握访谈活动的时间。访谈时间不宜过长,以不妨碍被访者的正常工作和生活秩序为原则。

其次,研究者要关注访谈活动的气氛。有时研究对象仍有谈话兴趣,并要求转换到其他话题时,研究者可以乘机插话,就可能圆满结束。有时双方都感到非常疲乏和厌倦,这时为使材料完整,最好以"我们还有什么地方没有谈到"或"你还愿意谈些什么"之类的问题结束访谈。

再次,研究者要真诚地向受访者表示感谢。访谈结束时,应该让被访者查看并认可谈话记录,并真诚感谢被访者对研究工作的支持与合作,通过充分肯定访谈效果以建立和加深双方的友谊。另外,如果这次访谈未完成研究任务,那么就需要约定再次访谈的时间和地点,最好还能简要说明再次访谈的主要内容,以便对方做好思想和材料准备。

7. 资料的整理与分析

每次访谈结束后,要对资料进行初步整理,访谈结束后,需要对访谈内容以及访谈方式进行及时的总结。访谈的结论要明确、具体,并要对访谈中出现的问题进行分析和诠释,以便搞清这次访问是否已把问题的答案全部弄清楚了,是否有必要重访一次。当研究者资料中出现一些模糊的地方,或发现有的问题被遗漏了,研究者不可自作主张任意确定一个答案,而应以不同的方式重复地问被访者相同的事件或经验,搜集其他不同来源的资料以评估所得资料的可信度。

为了保证访谈资料的准确性、真实性,研究者可以采取三角验证法进行验证,既可以通过其他相关被访者的访谈,也可以通过对被访者的课堂行为和日常生活的观察,还可以通过其他实物,如被访者教案、笔记、教学日志、学生的作业等方式或手段来检查所得到的资料的可信度。

如果被访者的叙述是一个文本,那么研究者就要对这一文本做出恰如其分的分析和解读。研究者一般可以从三个方面对之进行分析,从而确定被研究者谈话的真实含义。首先,研究者要理解文本中语句的字面意思,即一般意义上的理解。其次,领会文本中字面之外的意思,即言外之意。再次,对被访者为什么要对这样的文本语句产生这种特定理解的理解。

（三）深描法

深描法是课堂人种志的一种研究方法，也是写作的一种基本范式。深描（Deep description），也称厚描，是美国文化人类家克利福德·格尔兹在其著名论文《深描：迈向文化的阐释理论》中的一个重要概念。"深描"这个概念并不是格尔兹的首创，而是借用吉尔伯特·赖尔的概念来表达作者对民族志的写作要求。但它作为一种指导人种志的方法而受到推崇是与格尔兹离不开的。正是他赋予深描极其丰富的内涵，才使得这一方法成为人种志写作的一种基本规范。

1. 深描法与诠释主义

格尔兹认为，"文化是公众所有的，因为意义是公众所有的"。因此，意义并不是个体完全独有的，而是社会个体行为的基本通则，具有社会性、公开性的特征。尽管每个人都可能在特定的情境下对某种意义的表达进行理解、解释，但都必须遵循构成这个文化的基本通则，或者说这个文化对该场景的定义所包含的意义建构规则。在任何时候，当我们在解释一种行为、事件或制度时，我们都是在采取某种社会的行动。他认为文化尽管是非物质的，但它却不是一个超自然的实体，而是观念化的产物，是活生生的，在不断地通过个体的行动实现自己的再生产。也就是说，这种意义表达的体系只有通过人的社会化行动才有可能具有生命力，才有可能实现客体性的存在。也正因为如此，文化才具有公开性的特征。所谓公开性，就是指对于某个民族或某一文化圈中，人们对某一存在、某一活动或某样东西所对应的约定俗成的意义。

格尔兹认为，作为由可以解释的记号构成的交叉作用的系统（如果忽略狭义的用法，我们可以称之为符号）制度，文化不是引致社会事件、行为、制度或过程的力量，它是一种风俗的情景，在其中社会事件、行为、制度或过程得到可被人理解的深的描述。深描意味着对文化的理解，就是要对它所包含的意义进行理解。理解一种文化，即是在不削弱其特殊的情况下，表现其常态。把他们置于日常系统中，就会使他们变得可以理解。

只有把文化当作纯粹的符号系统来对待，通过区分其要素，确定各要素间的内在联系，然后，按照某种一般的方式描述整个系统的特征，文化才能受到最为有效的处理。为此，他提出了文化分析的概念，认为文化分析不是一种探索规律的实验科学，而是一种探索意义的阐释性科学。文化分析是对意义的推测，估价这些推测，而后从较好推测之中得出解释性结论，通过文化分析，才能解释表面上神秘莫测的社会表达。他认为文化不是一种独立自主的、有着自身力量和目的的"超有机体"的实在,即实体化,也反对那种把文化存在于行为事件的无意识模仿——我们可以在这个或那个可识别的群体中观察到这种模式,这就是文化还原。

文化还原就是指在文化的意义阐述与解释中不涉及文化本身之外任何因素的影响、任何价值的判断,因而,它具有本真性、本原性。格尔兹指出,文化还原离不开"象征",象征是在任何物体、行为、事件、性质以至关系中充当某种意义"载体"的东西。文化是意义象征的体系。任何东西只要承载了某种意义,就可以被看作是象征。各种有限的象征同其所表达的意义的无限组合构成了人类文化的象征系统,人类文化从这种总象征系统中得到延续和解释,通过它,可以揭示诸要素之间的内在关系,了解行为产生的社会文化意义。人的行为是最具体的象征性行为、文本的符号。人的行为之所以是最具体的象征行为,是因为人的本质是象征性动物。如果我们理解了象征行为的意义,我们才能了解它是嘲笑、挑战、讽刺、愤怒或者是献媚。象征行为传递的意义不仅构成了文化的有机体系,也显示了文化作为意义象征的体系是无时不在,无处不在的客观存在。就如格尔兹所说的,"所谓文化就是这样一些由人自己编制的意义之网"。

2. 深描法与地方性知识

格尔兹的深描法也是与他的地方性知识分不开的。地方性知识为深描法提供了坚实的理论基础。为了清楚说明这一方法的深刻内涵,这里以《深奥的游戏:关于巴厘人斗鸡习俗的研究》为例。

在书中,他借用了英国哲学家边沁的"深层的游戏"这一概念。在边沁看来,下很高的赌注去玩赌博的游戏是非理性的,心灵脆弱之人最好远离这样的游戏。格尔兹则从社会文化视角对这一事件做出了重新的解释。他认为,巴厘岛人相互下赌注的时候,并不是一种"深层次的游戏",仅仅关注金钱的得失,而是巴厘人表达出来的一种共同认可的价值观。他在对巴厘岛人斗鸡过程观察、分析和体验的基础上认为,巴厘人的动物化反映了作者用另一个"我"对象征的特殊应用的展示——传统社会的模糊的人性观和自然观的特征。在随后观察中他发现,巴厘岛有两种类型的赌博。一种是在赛圈中心进行的参与者之间双方对称的赌博;另一种是散布在赛圈周围的观众之间的赌博。在这种游戏中,钱与其说是一种实际的或期望的效用尺度,不如说是一种被赋予的文化意义的象征。格尔兹指出前者是深层的游戏,其特点是钱的输赢在这种赌博中不是最重要的,名望、荣誉、尊严、地位的象征得失才是最重要的;而后一种是浅层的游戏,它注重的是钱的输赢,而这在斗鸡的过程中是小规模和次要的。巴厘人为什么要追逐这种"深层的游戏"呢？明确地说，巴厘岛的斗鸡及其以后的赌金，不同于专门的盈利性行当，这可从主办者和压赌者的集结可以看出来。巴厘社会的地位等级移入到斗鸡这种形式中，斗鸡模仿了巴厘岛的社会形态，反映出了巴厘岛的社会结构，对巴厘人来说，"没有什么比间接地当众羞辱别人更让人高兴了，也没有什么比间接地受到这种羞辱更让人痛苦了"。斗鸡是对他们自己心理经验的解读，是他们生命意义的体现。再者，也是他们对自身的一种教育，在斗鸡的过程中，巴厘人形成和发现了他们自身的气质、人们之间的关系和社会发展状况。他认为，此时金钱已经是属于次要的东西了。斗鸡事件本身的深层次意义实质上就是一种地位关系的戏剧化。巴厘岛人对斗鸡事件的认识就是一种地方性知识。

格尔兹从巴厘岛人斗鸡这一"地方性知识"视角出发，认为任何主体在认识过程中都要受到特定立场的局限，任何认识在本质上都是一种"地方性知识"。所谓地方性知识，不是指任何特定的、具有地方特征的知识，而是一种新型的知识观念。地方性不仅是在特定的地域意义上说的，它还涉及在知识的生成与辩护中所形成的特定情境，包括由特定的历史条件所形成的文化与亚文化群体的价值观，由特定的利益关系所决定的立场、视域等。它要求我们对知识的考察与其关注普遍的准则，不如着眼于如何形成知识的具体的情境条件。"地方性"丝毫不意味着空间上的封闭，地方性情境是可以改变、扩展的，当然不是扩展为"普遍"，而是转换到另一个新的地方性情境中去。地方性知识并未给知识的构造与辩护框定界限。相反，它为知识的流通、运用和交叉开启了广阔的空间，知识的地方性意味着开放性，即它始终是有待于完成的。

再如巴厘人按出生的长幼序数而把孩子们命名为"头生的"、"二生的"、"三生的"、"四生的"四种，过了"四生的"又开始新的循环，第五个孩子也叫"头生的"，第六个则叫"二生的"……这种循环式的称谓序列并不能真正反映同胞之间的长幼之序，却体现着一种往复无穷的生命观念，它不可翻译，但应被理解，是具有文化特质的地域性知识，是一个充满了文化意义的问题。

格尔兹的地方性知识对于课堂研究者有着很大的启迪意义，主要表现在以下这几个方面：

首先，课堂研究不仅是去课堂发现一些事实的存在，而且要对这些事实做出理解和解释。为了达到理解，研究者就必须转变传统的心态和价值观，坚持文化相对主义原则，以"文化持有者"的眼光去理解课堂存在的行为和事实。课堂是复杂的、多变的,如果研究者一味运用自己的视角去看待、解读课堂情境,就不会了解课堂的真实情况,也难以形成正确的结论。因此,研究者应该与被研究者展开沟通和交流,实现彼此的对话,而不是去贬低它和改造它,甚至消灭它。

其次,课堂知识同教学理论知识都具有同样的价值,不仅如此,任何一种教学理论的知识都来源于课堂,课堂是教学理论知识获得、发展、更新和创新的智慧之泉。知识在本质上不是既成的、被证明为真命题的集合,而是活动或实践过程的集合。课堂知识不是既定的,而是不断变化的,是师生参与的结果。同时,课堂知识并不为少数知识精英所垄断,它存在于参与课堂的各种主体之中,它的有效性必须以别人的实际认可为前提。

最后,地方性知识有助于研究者形成一种宽阔的胸怀和宽广的视野。它可以使研究者通过"别人的眼光看我们自己",承认他人也具有和我们一样的本性则是一种最起码的态度。但是,在别的文化中间发现我们自己,作为一种人类生活中生活形式地方化的例子,这将会是一个十分难能可贵的成就。

3. 深描与浅描

为了将深描与浅描加以对比区分,格尔兹在《文化的解释》一书中就深描做了详细的诠释。现代英国哲学家吉尔伯特·赖尔在他的两篇文章《思考与反思》和《对思想之思考》中,对"随意眨眼"和"挤眉弄眼示意"两个动作做了有意义的区分,认为当存在着一种公众约定的信号密码时,按照这个密码有意的张合眼睑向某个当事人发出信号时,这种有意的张合眼睑就是挤眼示意了。由此他又进一步区分出"假挤眼"、"模仿假挤眼"和"练习模仿假挤眼"等概念。随后格尔兹在这一基础上又做了进一步的阐述。

他说,让我们细查一下两个正在快速地张合右眼睑的孩子。一个是随意的眨眼,另一个是则是挤眉弄眼向一个朋友发信号。这两个动作作为一个动作是完全相同的。如果把自己只当作一个照相机,只是"现象主义"式地观察它们,就不可能辨认出哪一个是眨眼,哪一个是挤眼。但是,眨眼和挤眼的差别仍然非常巨大,对于这一点其眨眼被错认为挤眼的人都是深有体会的,因为挤眼的人是在交流,并且确实是在以一种准确而特殊的方式在交流:(1)有意地;(2)向着特定某人;(3)传达特殊的信息;(4)按照社会通行的信号密码;(5)没有受到其他在场者的察觉。

格尔兹认为,正如莱尔所指出的一样,眨眼者固然只做了一件事,张合其眼睑,但挤眼者也并没有做两件事,张合其眼睑和挤眼示意。但如果存在一种公众约定的信号密码,按照这个密码有意地张合眼,就意味着发出某个当事人理会的信号时,有意地张合眼睑就是挤眼了。文化就是这样,通过行为的一点一滴——一个眼神来表现自己。

　　尽管在这篇文字含糊、模棱两可的文章中,格尔兹并没有确切给出深描的定义,而只是一些形象化的说明和一些比喻,但并不意味着我们对浅描和深描的把握就无从下手。所谓浅描就是对文化表象的直观描述,停留在行为的白描,解决"是什么"的问题。所谓深描是浅描的更进一步,是在文化表象直观描述的基础上,揭示其内在的文化底蕴和意义,是基于对该文化的意义结构的分层等级基础上所做出的解释性描述,以及确定这些结构的社会基础和含义对该特定文化有一定的把握才可能明白该语言和行为的意义并做出解释,重点解决的是"为什么"的问题。

　　既然深描是一种对文化的解释,那么深描和浅描的分界点在哪里? 何以评估一个文本是深描,还是浅描? 深描会不会变成作者的主观想象而与实际分离? 格尔兹只是不断地否定各种可能的检验标准,并没有明确说明具体的检验标准是什么,换句话说,我们不知道一个具体的文本是否达到抑或超过了深描。格尔兹没有否认这一点,他说:"但我知道,不管思考多长时间,我都不能把它弄明白。我也从未彻底弄清我所写的一切,不管是在以下这些地方,还是在其他地方。"虽然格尔兹否定了行为主义方法论,但深描的基础是精细的行为主义的描写,没有这个坚实的地基,任何建立其上的高楼大厦都会轻而易举地倒掉;也只有在这个基础上,任何跨文化间的比较和抽象的分析才是可能的。也就是说,尽管格尔兹反对行为主义,但并不意味着深描就与浅描无关,而是建立在描述基础上的再次描述,否则,深描也就失去了存在的意义。正如梭罗曾经说的一样,为数清桑给巴尔的猫而走遍世界是不值得的。格尔兹在这里进一步说明,深描不是客观现实的陈述,而是研究者与被研究者的"虚构",对它的验证不是不可能的,而是存在的,是借助一定的逻辑加以实现的。

4. 深描法的特点

　　格尔兹在对深描厘清的基础上,认为深描法具有以下四个基本特点:

　　首先,它是解释性的。格尔兹认为,与马林诺夫斯基开创的田野方法面面俱到、全程式的民族志和制度性的专题考察,以及偏向于被研究者为出发点的客位研究这种浅描不同,研究者应该从对象出发的主观、意义的细致描写,这种被认为凌驾于"生硬事实"之上,旨在研究的方法就是深描。

　　为了达到深描,格尔兹对行为主义方法论提出的停留在行为表面上的浅描做法深恶痛绝,他认为这种"浅描"根本没有注意到行动后面的社会意义。最重要的问题在于,这样的描述可能仅仅是逻辑上相等但本质上相异的巧妙模仿。格尔兹认为,深描就是在观察者自身的观念世界、被观察者的观念世界以及观察者告知的对象——读者的观念世界三者间的沟通,即从行为者的眼光描述全部概念,进行"第二和第三等级的解释"。因此,解释并不是完全钻进当地人的脑中,它们是虚构的产物,是对他人解释的解释,是解释者与当地人共同解释世界。

其次,它所解释的是社会性会话流。解释不是将文化看作一种纯粹的符号系统,找到这些符号间的关联,说明它们的结构和组织。相反,文化形态正是在行为之流中得到表达的。意义和行动是相互构成的,文化是活生生的,是一种活着的生命体。也只有通过社会行动,我们才能理解行为产生的社会意义和文化内蕴,否则,解释就可能是断节的只言片语,缺乏客观性。最使文化分析丧失信誉的莫过于建构具有次序的、无懈可击的描述,因为没有人会完全相信其实际存在。也就是说,在他文化的解释中,逻辑的有机衔接是必然,但一味注重它而忽视社会行为本身则会产生谬误,对社会事件、对象的选择不是随意的,而是必须具有一定典型性和代表性,是完全能够展现该文化的内在意义。

再次,格尔兹认为,解释不是说话这件事,而是说话时"所说过的"。简言之,我们所写的是说话的 noema(思想、内容、要旨),是说话这个事件的意义,而不是事件本身。解释就是把社会性对话从一件转瞬即逝的事件转变为已不存在于刻画它的可供反复查阅的记载。

最后,它是微观的。格尔兹借用哲学家赖尔的"深描"这一术语,开创了他自己的富有启迪意义的"深描"式显微研究法。他认为,深描就是通过极其广泛地了解鸡毛蒜皮的小事,来着手进行这种广泛的阐释和比较抽象的分析,就是从极简单的动作或话语着手,追寻它所隐含的无限社会内容,揭示其多层内涵,进而展示文化符号意义结构的复杂社会基础和含义。深描并不意味着这种方法不能对整个社会、文明、世界性事件等等做出大规模的解释。相反,解释的目的就是以极度扩张的方式摸透极端细小的事情这样一种角度出发,最后达到那种更为广泛和更为抽象的分析。

5. 深描法的意义

格尔兹深描法的提出对课堂研究者有着极大的启发意义。首先,深描法解决了课堂人种志应该做什么,不应该做什么的问题。课堂人种志研究不是探询"我者"的深层问题,而是呈现"他者"对这些问题的回答,课堂人种志研究者不是在自己的文化圈中自问自答,而是通过文本告诉他人,在面对同一问题时,被研究者在他限定的文化圈是怎样回答的。它的目的就是倾听那些来之教学实践层面默默无声教学工作者的声音,把它们记录下来,并用文本形式把它固定下来,存放到记载的历史中,以供后续研究者使用。

其次,格尔兹曾经说过,"它(深描)的价值不仅仅是用具有现实意义的很具体的语汇来帮助我们理解你所描绘的课堂现象或这个村、这个部落的文化。更重要的在于我用你的故事能够帮助我们以一种很具有想象力的方法、创造性的方法来想象当地人在特定的历史时刻是如何生活的"。课堂人种志的价值在于呈现特定时间内某一课堂发生了什么,它与我们一般意义所认为的课堂有怎样的差异。它不仅可以给予教学理论者启示,使他们认识到各种课堂文化的独特性、多元性,而且有助于他们理解某一地区文化是怎样影响课堂的各种行为活动;不仅使他们明晰在过去某一特定时间阶段内课堂发生了什么,而且使他们明白不同时空下作为课堂文化实践的构成因素,理解其中的文化含义。可以说,课堂人种志的研究成果不仅有助于我们打开思路,使我们在一种更为广阔的文化背景下对自身的文化以及他人的文化做出反思,而且在反思基础上拓宽教学知识体系的领域。

再次,深描法使课堂人种志具有一定的普适意义。研究者无论去哪个课堂展开研究,呈现出什么样的文本,都会导致他人把这种文本所表现出一切看作是某一个教师、学生在某一课堂所表现出的独特的特点,以区别于其他教师、学生在其他课堂的表现活动,对研究者本人的研究以及文本的内容产生怀疑,甚至一些人将其看作是课堂教学中某一偶然的特例,至于它背后所隐藏的文化因素却很少有人追究。其实,这是一种不正确的认识,课堂人种志研究者之所以到某个学校、某个课堂,并不是记录教师与学生在教室这一空间究竟如何活动的,而是通过他们的教学活动,搜寻、挖掘暗藏在他们潜意识的文化因素。也就是说,对于课堂的研究,研究者的目的不仅仅在于研究课堂发生了什么这一实践本身,而是在课堂实践的现象中滤出不同文化制约下的课堂特点和规范。

最后,深描法的意义不仅实现了跨文化的对话,而且使文本具有跨时空的特点。显然,要知道课堂在什么具体情况下、什么时间、什么事件会发生,这是不可能的,课堂人种志研究最主要的目标不是检验理论,而是在教学理论的指导下,运用一些语汇或概念来理解和描绘所观察到的课堂文化现象、事件以及行为主体的生活形态、生活方式,从而实现跨文化的解读和对话。也就是说,研究者在对课堂现象、事件和现象理解的基础上,把这种理解表达给别人,使得别人也能够理解课堂发生的事情。当研究者将课堂某一事件、某一情境固定在某一具体的时空范围内时,这就使文本具有了时空上的延续性。从这个意义上说,研究者在文本呈现过程中所采取的深描也就具有了时空上的超越性。

四、课堂人种志研究的文本写作和回访

(一)课堂人种志的文本写作

课堂人种志研究的最终目的是以文本的形式将搜集的各种资料表现出来,向他人表明研究者去了哪里,观察到了什么,获得了哪些资料,得出了什么样的结论。可以说,研究点所进行的一切活动只是整个课堂研究的初级阶段,它还有待于进一步深化,即要上升到更高一层的理论性认识。这就是课堂人种志文本的写作。课堂人种志的写作不仅是研究者对资料整理、分析、遴选的过程,也是对自己研究活动的重新审视和反思的过程,最终建构教学理论的过程。尽管不是每次研究都需要理论构建,但最终理论的建构都必须仰仗资料的支持。要写好一个文本形式,就必须对历史曾经出现的几种课堂人种志写作模式有所了解。

1. 课堂人种志写作的几种模式

我们可以根据文本作者的专业程度将课堂人种志写作模式大概划分为两个阶段:非专业的课堂人种志模式和专业的课堂人种志模式。后者又可以根据文本写作的不同特点分别划分为科学课堂人种志模式和实验课堂人种志模式。

(1)非专业课堂人种志写作模式

非专业课堂人种志写作模式具有自发性、随意性和业余性的特点。早期的研究者不是教学理论家,也不懂课堂人种志写作的基本规范和要求,更没受过严格训练。他们的写作不是建立在走马看花,浮光掠影的课堂观察基础上,就是根据他人的道听途说而衍生的。他们的写作过程常常是信手拈来,自由发挥。文本的作者和读者写作的理由和阅读的动力主要出于一种"猎奇"的兴趣或爱好。由于他们的知识兴趣通常都很狭窄,很少把笔触伸向当地课堂生活的方方面面,只记录自己感兴趣的方面。尽管他们生活在当地，但是教学知识的褊狭使他们无法系统的表述课堂教学生活。他们的作品只是作为消遣、自我欣赏，很少与他人分享。

（2）专业课堂人种志写作模式

与非专业课堂人种志不同，专业课堂人种志具有主动性、规范性、专业性的特点，文本的作者不仅掌握一定的教学理论知识，而且要经过一定的专业训练，掌握文本写作过程中所必须遵守的基本规范与要求。他们不仅要在课堂场域停留一段时间，与被研究者一起生活，还要对课堂行为的主体进行细致、全面的观察。由于作者全面、细致地深入课堂场域，从被研究者的教学工作与日常生活中着手，因而作品的全面性、客观性、真实性比较高。专业课堂人种志写作模式根据写作的方法、作者在文本中的地位以及文本表现的方式、特征和内容呈现的方式等可划分为两个不同的阶段，即经典课堂人种志写作模式和实验课堂人种志模式。

①经典课堂人种志写作模式

这一模式是马林诺夫斯基所倡导，并被沿用于课堂的一种研究模式。马尔库斯和库斯曼认为，现实主义民族志撰写具有以下 9 个特点：第一，其叙述结构是全貌的民族志，逐一考察文化的组成部分或社会组织，提供关于地理、亲属关系、经济、政治和宗教等方面的详细图表；第二，作者不是以第一人称形式出现，而是作为一个权威叙述者在叙述客观事实；第三，个人的存在通常被埋没了，取而代之的是创造了一个规范的角色模型；第四，提供地图、图表和照片作为"真的到过那里"的象征物；第五，分析时空坐落或发生的事件，从而来表述真实生活细节；第六，提供资料，并真实地表述当地人的观点；第七，写作风格趋于一般性的描述，而不是对个别事实进行细致的探讨，被研究的个别事项很少有个性，而是具有典型性；第八，使用专业术语；第九，对土著的概念加以注释。

这种模式的作者凭借专业规范所树立的公信、对科学的标榜，接受了一定的专业训练，深入到课堂进行参与观察，语言工具掌握比较熟练，居住时间也比较长。他们创作的文本往往作为体现科学的工具，越纯粹越好，因为文本是因客观而成立，研究者坚信自己看到了真相，抓住了真理，讲的是事实，得出的结论是科学、真实的。读者也没有理由不信任研究者，没有理由不相信客观性或唯一真理性的存在，相信可以用参与观察、整体描述等的科学方法，力求保存"价值中立"。这种课堂人种志写作主要奉行"主位研究法"，作者在作品中很少提到自己，而采用中性的言语描述，尽量使人相信他们所做的是完全客观的。在文本内容上，他们总是说某种看法、观点是被研究者的观点、看法，注重研究对象在课堂现象和日常生活的描写。在处理学术术语与描述关系时,课堂人种志经常在二者之间寻求平衡点。由于作品基于大量的第一手资料,读者也常常认为研究者讲述的是客观真实的。也许实际上情况很复杂,但研究的地方太远,语言也不同,读者也几乎无法和被研究者进行交流。概括地说,尽管研究者以客观和真实标榜自己搜集资料的准确性,但研究者和研究对象隔着重重不明确的中间环节,因而资料可能是不可靠的。

②实验课堂人种志写作模式

诠释课堂人种志写作模式的产生是与20世纪60年代以格尔兹为代表的诠释人类学的发展分不开的。实验课堂人种志并不期待从课堂现象中发现新的范式,而是力求从课堂不同情境中发现新的概念、新的修辞韵味、新的认识论洞察力以及新的分析眼光。尽管某些文本可能被认定是拙劣的、失败的、没有达到自己所预定目标的作品,但是只要它向其他研究者提供了新的可能性,那仍然是有价值的。文本把研究的过程作为中心内容和描述的重要对象,给予被研究者和被研究者同样的地位,让他们有解说的机会,允许他们不断创造出新的见解。这种课堂人种志写作模式注重对课堂现象、事件和行为描述的同时,对它们进行分析、解释,探寻它们产生的社会文化韵味。为了实现研究者和被研究者、研究者和读者之间的对话,吸引更多读者,尤其教育政策制定者,研究者常常采用多种写作形式、策略和技巧。由于文本是研究者和被研究者共同建构的产物,读者既可以通过自身的阅读,判定文本的真实程度,了解当前教学实践的基本状况和存在的问题,也可以凭借文本呈现的课堂现象,自己做出分析、判断和解释。

2. 课堂人种志的基本写作要求

格尔兹指出,使人信服的并不是经过田野调查得来的东西,而是作者书写出来的文本。课堂研究者在文本写作中不能只满足于回答"是什么"的问题,即研究者在课堂中看到了什么,访谈到了什么,还应回答"为什么"的问题,探求课堂现象和事件背后的社会意义和文化神韵。

第一,文本写作的基本原则应该是独立、自主和"无偏见"。文本写作是研究者个体思考与行为的反应,在资料的分析和解释过程中,研究者要避免受到某些利益、权力、权威或官方的影响,坚持客观事实,真正使文本达到课堂人种志要求的客观性和真实性。

第二,文本写作形式和策略应该呈现多样性。研究者应不断检讨自身的写作形式和策略,并尝试各种创新。作品应尽量超越狭隘的学术圈子,创造新的表述文体。无论采取何种形式和策略,都要以服务于文本的真实性、可靠性、客观性和权威性为根本要旨，要避免一味注重形式而忽略文本真实意图。研究者要意识到，采取不同的写作形式和策略，目的在于求得文本的真实性和客观性，而非哗众取宠地去吸引读者的注意力。

第三，文本要具有典型性、样本性，可以进行理论建构。文本选择的案例要具有典型性和样本性，是能反映和代表课堂存在的真实问题，是某一群体或社区所面临的教学微观问题，或者是整个教学面临的深刻问题。在这个基础上，建构的理论才会具有普遍意义，产生实践指导效能。

第四，文本应该给予作者、读者同样的地位。在文本撰写过程中，研究者要让读者了解到哪些是研究者的立场和情感，哪些是被研究者的立场和情感，不能只反映一方面的东西。一方面研究者要把课堂研究的整个过程看作写作的主要内容和描述的重要对象，通过课堂情境描写，解说教学生活的意义。另一方面，文本要给予研究者一定的地位，赋予描述、解说和翻译"他文化"的机会。研究者不仅要通过被研究者的语言，也要通过对微观细节过程的关注、描述解释证明文本的真实性。

第五，文本写作应该面对不同的读者。随着对教育重要性的认识不断提高，人们对教育关注的群体正在扩大。因此，文本的写作要尽可能面对不同的读者群，不仅是课堂研究者，还要包括其他教育教学研究者、校长、基层教师和家长等，使他们知道课堂究竟发生了什么，存在什么问题，从而对我国教学实践层面的真实情况有所了解，便于他们对教学提出意见。尤为重要的是，文本的写作更要面对教育行政部门，以便他们在对教学实践的实际情况了解的基础上制定相应的教育政策。

第六，在文本的写作过程中，要善于把课堂现象、事件和行为放在一个较为宏观的背景下给予思考和反思。费孝通曾经说过，"如果只调查了一个中国农村，把所调查的结果就说是中国农民生活的全貌，那是以偏概全，在方法上是错误的。如果说明这只叙述一个中国农村里的农民生活，那是实事求是的，但问题是只叙述一个中国农村的农民生活，有什么意义呢"。

因此研究者应该把搜集的资料置于更广阔的视野之中，这样才会产生具有高理论水准和富有解释力的佳作。随着我国经济的迅速发展，人员迁移的频繁，社会多元化结构的存在以及与国外交流的日益广泛，只有考虑这些因素，研究者才能对课堂呈现的各种现象、事件和行为做出准确、客观的分析、解释。否则，隐于一隅，局限于教育教学领域范围内或社区的解释不仅会造成研究者视野的短浅，也会造成文本价值的缺失。

第七，文本写作要同时采用描述与诠释。文本不仅要对课堂现象、事件和被研究者的行为进行描述，还要进行理解、分析、解释和透析它们产生的社会文化意义。

（二）课堂人种志的回访

1. 课堂人种志回访的内涵

回访（revisit），就是课堂研究者对自己或他人已有的研究点进行再次访问，进而展开研究的过程，它是课堂人种志研究的一个有机组成部分。回访不是一次性的，而是多次的过程。当前，关于回访的提法比较多，如回访、再研究、追踪研究、追踪调查、再访等。事实上，这些提法本质上并无多大的区别。

一般而言，根据研究者与研究点之间的关系，可将回访大概分为两类。一类是课堂研究者对自己已有研究点的回访，即对自己曾经去过的研究点再次访问的历程。这种回访可能是确认、核实原先所搜集的资料，以确保其客观、正确和真实或对已搜集的资料进行补充，使之更趋充实、丰富、完善，也有可能是研究者在某一研究过程中偶然发现其他具有学术价值的问题，进而在这一研究点展开的新研究。另一类是课堂研究者对他人已有或原先研究点的回访，也就是对他人正在展开的研究点或原先进行过研究的研究点的访问。这种回访可能是借助他人已建立的良好社会资源顺利展开自己的研究，并在研究中获得他人的帮助、支持和指导，也有可能是在前人文本或资料阅读中产生了一些疑惑、问题，以期在前人研究的基础上实现与先行研究者的对话，力求在前人研究的基础上更进一步，拓展教学理论的某一领域。

2. 课堂人种志回访的必要性

课堂人种志为什么要回访，回访究竟有什么意义？它在研究过程究竟处于什么地位？抛弃了这一环节，究竟会产生怎样的结果？要回答这些问题并不是很难，人类学的几次争论已经为我们做了最好的注解。这里试举例做一简要说明。

第一个例子就是人类学历史上争论最为激烈的"米德之争"。

20 世纪 20 年代左右，美国心理学家认为，美国青少年中常见的心理压抑和情感问题是生活中的普遍事实，但米德想知道这一情感波动究竟是涉及所有青少年，还是仅仅涉及美国的青少年。于是，她在 1925 年时就到萨摩亚进行调查，以了解青春期的紧张究竟受生物学影响，还是因文化而异的。三年研究工作结束后，米德在她出版的《萨摩亚人的成年》一书中将萨摩亚人的青春期与美国人做了比较，发现在那里不存在一个通常需要经过的"焦躁与不安"

的时期，萨摩亚人的青春期也不像美国人那样处于紧张状态。她认为，正是宽松的家庭结构和轻松的性模式决定了萨摩亚人平静的青春期。并因此判定，美国青少年的情感波动是因文化而导致的，而非生物性所决定的。

米德的这本书、受到澳大利亚弗里曼（Derek Freeman）的严厉批评。自1940年以后，弗里曼不定期地在萨摩亚做田野工作。1983年，他出版了充满争议的著作《马格丽特·米德与萨摩亚：一个人类学神话的制造与破灭》，认为米德的萨摩亚是一个神话，她只做了少量田野工作，对萨摩亚文化并没有什么了解，而是天真地相信了萨摩亚人有关私生活的谎话。米德曾认为，萨摩亚人缺乏强烈的情感是因为那里没有侵略，没有战争，没有自杀，也没有其他与紧张情绪相关的行为。但在弗里曼看来，米德的大部分发现都是错误的。他指出，在萨摩亚社会中，充满了冲突和攻击行为，在萨摩亚人中也不存在从青春期向成人的轻松过渡这一现象。弗里曼认为米德得出错误的结论，原因在于，米德的萨摩亚语只学过一个半月，不足以做田野沟通，还认为米德因年龄限制，无法参加一些重要仪式。同时她的访谈对象也半数未过青春期，不能当作从青春期向成年转变的样本。弗里曼认为，青春期发生的生物性变化不可避免地影响青少年的行为，而米德过分依赖他的老师博厄斯和本尼迪克特的文化决定模式影响，用这种方式考察萨摩亚人而得出的结论。

另一个人类学例子就是韦娜对特罗布里恩德岛的再访。

人类学家韦娜自1971年后五次回访了马林诺斯基去过的特罗布里恩德岛，她在研究中发现，由于当地男性中心主义的影响，马林诺斯基虽说注意到妇女在岛上的较高社会地位，但她认为这是由于母系继嗣社会的谱系作用。而实际上，在当地的经济交换中，妇女拥有用成捆香蕉叶和用香蕉纤维制作裙子一事，表明妇女在当地的生产活动与经济交换中的重要作用，从而说明马林诺斯基在研究中忽视了当地妇女在政治经济学与交换体系中的作用。

除了上文的争论外，人类学历史发展中还存在奥贝塞克里和萨林斯之争；斯图尔对孟朱的揭露；蒂尔尼对沙尼翁的批判和曝光。这些争论揭示了人种志的写作过程中的可信度、时空关系以及研究的质量等等一系列问题。从总体上来看，也正是后续研究者在对先行研究者研究点再访的基础上，发现了先行研究者存在的文本问题，揭示了长期以来被人们所认为具有客观性、真实性的人种志经典论著并不是那么客观和真实。人类学的争论也启示课堂人种志研究者，同样的研究场地和资料，可能因研究者所处的时代、价值观、视角、性别、地位、身份、民族等诸多内外因素的变化而会变得大相径庭。不仅如此,当研究者在不同时段进入同一研究场域时,也会发现与以前截然不同的现象和事实,得出与以前不同的结论。也就是说,要对课堂有较为深刻的认识和理解,研究者就必须不断地进入现场。

可以说,为了获得真实可行的资料,确保研究成果的可靠性,许多著名的学者都很重视回访这一研究工作。在这一点上,不仅人类学家为我们做出了榜样,如雷蒙德·弗思、玛格丽特·米德、罗伯特·雷德菲尔德、费孝通等,而且我国当代一些教育学者在人类学家的影响下以及在借鉴国外课堂研究者经验的基础上也做出了有益的尝试,并在教学理论与实践中取得了丰硕的成果。

值得注意的一点是,在对课堂人种志回访过程中必须坚持一条根本原则,即"反思性继承"。也就是说,研究者在回访过程中要避免理论解释的极端相对化,以推翻前人的解释、揭露教学论前辈的缺点为业,也不能停留于"过去"与"现在"的重复论证中,而应结合回访的学术反思方法和精神,在资料的搜集方面多做努力,尽可能在理论建树方面有所作为。也就是说,研究者要在研究中培养学术的自主性,就要知道前人的成就及其局限性,在意识到前人研究的珍贵价值的同时,对学术的积累和扩展做出贡献。这种"反思性继承"对于促进研究者脚踏实地地展开研究有着重要意义,对于学科基础相对薄弱的教学论建设也有着特殊的价值。

3. 课堂人种志回访的意义

课堂人种志的回访取向具有库恩(Thomas S. Kuhn)所说的范式意义。范式包括研究一个课题或领域的研究路径,其中包含一系列的概念、假设、理论、研究技巧以及价值观念,所有这些都指明一个课题该如何进行,资料该如何分析和阐释。如果其他的研究者不断运用某一范式时,这一范式就会居于支配地位,成为研究中大家公认的必须遵循的规范和法则。当原有的范式无法解释教学实践中的问题时,人们就会在原有范式的批判中提出一种替代范式或图式。库恩对范式的诠释告诉我们,课堂人种志方法论所秉持的基本理论、原则、标准以及在其指导下的实践程序呈现出一种继承、发展、更新不断的过程。换句话来说,由于研究者切入点或视角的不同,课堂人种志的回访往往都会有比较重大的发现。因此,课堂人种志的回访不仅具有重大的方法论意义和学术价值,而且具有重大的实践指导意义,它既是一种行之有效的研究取向,又是一条具有很大理论价值的学术实践路线。具体而言,它的重要意义主要表现在以下几个方面:

(1)著名田野工作点对于样本选择具有指导意义,可以直接延续田野工作点的学术生命。

首先，课堂研究不仅可以使这些研究点获得被重新审视的机会，延续其学术生命，而且具有一定的代表性。从另一个角度来看，如果先行者的研究点代表了某种类型的话，那么它就为后续研究者进行类似研究提供了比较的基础，有助于后续研究者在前人的基础上有所发现、超越和创新。其次，先行研究者搜集的资料和创作的文本为后续研究者提供了现成题材、大概轮廓和视角，有助于研究者尽快深入研究问题，做出深层次研究。再次，后续研究者在拜读先行研究者所创作文本的基础上，可以实现与先行研究者的学术对话，通过对不同时代背景下的同类课堂的研究，可以提供一种连续性的文本，提炼出一套动态性的解说，为教学理论的发展提供可供佐证的丰富素材。最后，回访不仅延伸了先行研究者作品的学术生命和意义，更重要的是对处于动态发展中的课堂现象进行新知识基础上的再解释，不仅可以吸收前人的研究成果，还可以较快地进入学术研究的前沿，增强学术自信心。

（2）回访可以订正、促进知识的发展，加强学术的可信度

课堂人种志研究并不是孤立的，相关的一些资料仅仅反映了特定制度下某一地区、某一学校、某一课堂在某一特定时空条件下发生了什么，他们只能提供关于变迁的可能性和原因方面的一些推测，从知识的角度或从科学分析的角度来看，这些资料的作用都是有限的，为了保证这种有限的最大化，研究者不得不进行回访。此外，研究者在不同的历史阶段都有各自不同的假设和成见，资料的搜集、分析和整理以及知识的获得都与此紧密相关。如果研究者在已有研究的基础上能继续以同样的精确性对同一个课堂现象和事件进行描述，将自己某一阶段的思想观念与另一个阶段的思想观念，或与他人某一阶段的思想观念展开交流、对话并加以对比，不仅能对已有的教学知识进行订正，促进其发展，增加学术研究的可信度，而且其价值也远超各个孤立的研究。

（3）回访具有文化变迁研究的重要视角

一般来说，课堂研究在本质上是共时的，它所针对的是特定时空条件下某一课堂的现象或事件，并将之与同一特定时空条件下的其他课堂现象或事件进行类比，从中发现问题，提出策略、建议、得出结论，而很少从历时性的角度对某一课堂的现象或事件加以仔细审视，发现教学展开的深层文化意蕴。这种视角的单一性暴露出课堂研究从上而下的俯视研究路线，容易造成强势的课堂文化遴选、解读和干预的现象，而很少关注师生本身的内心状况，聆听他们的声音。反之，通过对不同时期、不同师生以及同一教师在不同时期的所思、所动、所学、所悟的多次回访，才能比较可观地了解不同时期文化究竟是如何影响教学，教学又是如何影响文化变迁。

这一点上,回访有助于课堂人种志重视共时性,忽略历时性的缺陷。

（4）回访表现了课堂人种志动态变化的研究特征

课堂人种志视野下的课堂研究不仅是动态的、有生命的,而且是有意义的。作出这一结论的原因在于,教学是师生参与和释放的一个动态过程,是促进人发展与完善的过程。课堂研究者既要以动态的视角看待课堂人种志这一研究范式,在不断反思中使之完善、发展,而且要透过现象抓本质,在课堂研究中注重研究行为所蕴含的深层次韵味。

（5）回访有助于展开多点的课堂人种志研究

在研究中,课堂研究者可以通过学术论文发表、专著出版、研究成果推广和课题申请等形式,提高课堂研究点的声誉与知名度,扩大其影响力,也可以通过学术会议举办或邀请的方式,为研究点校长和教师搭建与课堂专家以及相关学校交流的平台,提高他们的地位,提升他们的教学理论素养以及研究课堂问题自觉意识和能力,使他们切实从中受益。通过他们示范榜样作用以及他们自身宣传所产生的连锁效应,吸引其他研究点的加入,扩大研究范围,展开多点的课堂人种志研究,通过不同研究点时空组合的相互联系,可以探求教学理论和实践中具有广泛性、代表性的问题,推动教学理论的发展。

（6）回访是课堂研究者与研究点建立彼此互信关系,实现教学理论与实践相统一的重要途径

通过不断回访,研究者可以与研究点的相关人员,如教育行政人员、学校校长、教师、学生和家长建立一种亲密无间、畅所欲言的合作关系,取得他们的信任,获得他们的帮助和支持,最大限度地保证获得资料真实性和翔实性。同时,随时发现教学实践中存在的各种问题,从而运用教学理论去干预和指导实践,促进实践教学的有效开展。实践教学中暴露出的新问题、新动向可以为课堂研究者提供新视角、新起点,为教学理论的成长与完善提供新的增长点,这必将对有效解决教学实践问题具有较强的理论指导意义,充分体现了教学理论先行的理念。它不仅有助于规避过度移植国外研究成果,本土化理论缺失而造成实践干预不力的尴尬局面,而且有助于从本土化教学问题研究中构建具有本土教学理论成果,解决本土实践教学问题,实现教学理论与实践的真正统一。

4. 课堂人种志回访的几点意见

首先,回访是课堂人种志重要环节,但非必要环节。回访是在课堂研究者"回到原点"、统领全局的基础上,发现所获资料有所遗漏或对课堂现象、事件或师生

行为的诊释缺乏令人信服的支持而不得不采取的行为。如果课堂研究者通过观察、访谈和深描的途径完全足以说明课堂产生的现象、活动和师生行为，就不必做出回访，以免画蛇添足。

其次，回访是课堂研究者对自己熟悉或有所了解的学校、环境、师生等再次观察、了解、交流的过程。由于各种因素所致，当课堂研究者再次回访时，原来的研究对象有可能已不在原来的地点和环境，这就要求研究者根据研究目的及时灵活地做出调整，以最大可能保障研究的科学性、客观性。

再次，回访不是一次性的过程，而是多次的过程。人种志不仅是一种研究方法，也是一种价值体系，其最基本的一项原则就是如何获得当地人的信任，但这一原则往往被一些研究者所忽视，自认为通过相关政府的介入就可能得到真实的材料。一些课堂研究者则采取亲属朋友联系式或自我推荐式进入课堂，但这些方式都为顺利进入研究场域提供了保证，但是否获得了当地人的足够信任就很难说了。实践中也发现，一些师生还尚不明白研究者的目的与动机，课堂研究者就已经离开了，难以获得被研究者的信任，反而拉大了两者的距离。基于此，回访就显得尤为必要，为研究者与被研究者拉近距离，增加互相了解，建立一种彼此信任的关系，促进研究的顺利开展。

最后，回访要考虑时间问题，避免目的性过纯。回访中，课堂研究者要尽量以较短的时间获取最需要的材料，以避免干扰、影响被研究者的生活、工作。同时，在达成自己研究目的过程中，针对以前访问中没有发现的问题，为被研究者提供力所能及的帮助，或者邀请他们参与其中并从中受益，使他们感受到自己是一个研究者、参与者，研究也不仅是课堂研究者个人的事情，而且关系到他们的切身利益，进而取得他们的帮助和支持，使他们在参与中提升教学科研水平。

五、课堂人种志研究案例解析

课堂人种志是参与观察法、深度访谈法和深描法"三位一体"的方法论,他们之间呈现出紧密相连、密不可分的关系。参与观察使课堂的一些现象和事件以问题的形式表现出来,深度访谈使这些现象和事件产生的真实原因得以揭示,深描使他人得以了解教学实践存在的状况与问题,缺失任何一个环节,就会产生对这一方法的误解。随着课堂人种志在我国的逐步发展,一些教育学者也在逐步运用这种方法对课堂进行研究,并形成了众多的案例。这些案例无疑为我国后续的课堂研究者提供了基本范式和参考,有助于他们从中吸取经验,更为有效地使用这一方法。为了对这一方法做出更进一步的说明,现从中试举出一些案例并做简要的分析和说明。这里要强调的一点是,研究者在课堂人种志研究中不仅仅是外在行为的参与,而且是内在意识的参与,是思维与意识对这一方法基本规范的遵循,如原则、标准、专业素养、伦理道德等等。因此,后面的分析主要针对不同的研究对象以及文本的呈现方式,从上述两个方面加以展开。

(一)创造相互学习教室的案例分析①

在我碰到的教师中,原田老师是一位能够与学生绝妙地息息相通的教师。她曾在静冈县的小学做了 5 年的正式教师,后因丈夫调到东京工作,就辞职了,在生产、育儿之后,又重新工作,被录用为临时教师。她每年去顶替那些因产假、育儿而离开岗位的女教师,就这样工作了 12 年。因为是代课,所以一年内通常要跑好几个学校。她常做三年级的班主任,为什么呢? 因为在小学

---

①[日]佐藤学著,李季湄译.静悄悄的革命[M].长春:长春出版社,2003:51-54.

里,公认三年级是最好对付的,尽管最近三年级学生变得难弄多了,所以这个位置就常常留给生产前的教师,这样,原田老师教三年级学生的经验就慢慢丰富起来。填补产假、育儿假的空缺的代课教师处在一个非常复杂的位置上。尽管也要求他们和通常的教师一样专心教学,努力去激发学生的活力,但与原班主任相比,他们的行动在某种程度上必须更谨慎一些。因为是代课,如果不谨慎的话,会招来原班主任或校长、同事们的讨厌。校长要是不满意,来年就可能被失业的危险所困扰,那是很严重的,因为代课教师的委任是由校长决定的。即便原田老师注意到了这一点,但仍然没能在同一个学校被连续录用过两年。尽管学生和家长都非常喜欢原田老师.但是全年级要求"齐步走",而她的工作突破了"小学教师都是做同样的事"的框框,结果,她就不容易被同事、校长所认可。

为了避免误会,特别补充一下,原田老师只是拒绝"齐步走",而不是与同事发生了冲突。为了与学生的气息相呼应,需要超越年级的同事们暗定的"齐步走"框框。如果教室不同,儿童不同,教师也不同的话,在那里产生出来的学习的广度和发展的方向当然也就不同。"超越",说起来是当然的事,但是代课教师的地位处于弱势,而小学教师的"常识"框框是很顽固的。原田老师在学生、家长的要求与教师同事们的"常识"之间的狭小空间里烦恼着、奋斗着。

这是两年前的事情。4月里,原田老师当班主任的二年级教室里,有个学生拿了一棵蒲公英来,说是他上学途中在路边发现的。这是一棵长在厚厚的水泥道路边上,只靠很少很少的一点泥土生根、开花的蒲公英!"在哪里发现的呀?"围绕着这个问题,教室里一直谈论着蒲公英的话题。班上有一个男孩的父亲是研究植物学的,这个男孩发表了自己关于蒲公英的调查结果,说被拿进教室的这棵蒲公英是西洋蒲公英。了解到这一情况的学生为了要找到日本蒲公英,就在放学、下课后,到附近一带探寻,想采到日本蒲公英,结果找来找去全都是西洋蒲公英。在这一过程中,原来连作文也没写过的学生,竟然也以蒲公英为题开始写作文了;过去不关心学校的妈妈们,在星期天去郊外游玩、旅行时,也去寻找日本蒲公英,想采到后带到学校来,在妈妈中,还有人在图书馆查到,除西洋蒲公英和日本蒲公英之外,还有七种其他种类的蒲公英,于是积极地协助学生去采集。

原田老师曾在要求"齐步走"的同事与要求超越的学生、家长之间犹豫不决,而最后,她终于选择了与学生同呼吸的方向,做出了"即使明年会失业也不管了"的决定。相互学习的教室只能从相互尊重差异的教室当中产生出来。

这样一来,原田老师实在没法与年级"齐步走"了。终于,她号召学生"把空牛奶盒带来,用牛奶盒当花盆,尝试一下把蒲公英绒毛上的种子栽在盒子里"。于是,和学生一起,原田老师开始了自己的第一次体验——"蒲公英学习"。为了不引起同年级其他教师的注意,他们把30多个牛奶盒并排放在了教学楼边美工室的里侧墙根。不久从那一个个牛奶盒中,长出了小小的双叶片,于是他们开始培育"蒲公英的小宝宝"。原田老师和学生谁都没想到,蒲公英一粒粒的绒毛般的种子竟然都能够生长成一棵一棵的蒲公英。蒲公英就因为有这种顽强的生命力,才能够在城市的水泥缝隙间苗壮成长,开出美丽的花朵来。学生用诗用文章表达自己的感动,画蒲公英的写生画,并观察、记录它的成长。

可到了暑假,这样投入过的"蒲公英学习"被学生淡忘了,连原田自己也把美工室墙边的牛奶盒中的蒲公英忘得干干净净。9月1日开学典礼那天,原田老师在班上与学生谈起了上学期愉快的"蒲公英学习",突然,她叫起来:"啊!忘记了!"顿时,教室里谁也不说话了,因为暑假里谁也没去浇过水!而且,牛奶盒放的地方是墙边,那里的蒲公英是受不了炎炎夏日的。这时,静悄悄的教室里站起来一个男孩,他战战兢兢地说:"老师,我去看一下!"说罢就跑出去了。一会儿,楼下传来咚、咚、咚的脚步声,这男孩跑回来大声呼叫着:"蒲公英全部都活着!"大家一下子都跑出去看,果然,蒲公英的叶子虽然蔫了,但所有牛奶盒里绿色的蒲公英都长得很精神!如此强壮的生命力让所有的学生都感动了。他们还试着把牛奶盒弄破观察,结果看到蒲公英的根从盒子的一边到另一边挤得紧紧的。

接着,原田和学生开始寻找学校空着的花坛来移植蒲公英。在向花坛里移栽时,学生和家长们把找到的日本蒲公英或者珍稀种类的蒲公英也拿来了,原来,"蒲公英学习"在学生的家里也一直在持续着。原田老师作为代课教师的工作到10月份就该结束了,如果这些三年级学生继续栽种花坛里的蒲公英的话,是一定会想起原田老师的。然而,遗憾的是,听说还没等这些蒲公英开花,已通通被校长拔掉了!

这些蒲公英不是杂草,而是学生、家长和原田老师息息相通的交往的结晶啊!

教学不是教师的"独角戏",而是师生以知识为媒介,在价值观、情感、态度、方法等各方面相互融合、彼此学习、共同发展的过程。要做到这一点,教师就必须与学生建立起良好的关系,做到息息相通。在我国传统教学中,教师被视为知识的"化身"、真理的"代言人"、道德的楷模、纪律的制定者和课堂秩序的维护者,是教学的支配者;学生则是知识的承受者、道德的皈依者、纪律的遵循者,是教学的被支配者。"教"与"学"之间存在的不平等关系不仅使整个课堂缺乏生命,知识缺乏活性,而且使学生成为知识的奴隶和伦理道德的异化者,难以在彼此反馈中实现教学相长的目的。造成这一状况的原因既在于传统教育理念的影响,也与校长、教师的教育信念、价值观紧密相连,还与约定俗成的规范有关。上述案例正好说明了这一点。尽管自己可能面临失业的威胁,但出于教师的一种职业感,原田老师还是做出了与学生同呼吸的抉择。在这里,研究者就研究对象的背景、课堂存在的问题以及可能产生的结果做了深刻的描述,为后面具体课堂事件的展开提供了较为广阔的视野,使得读者在认识到这一背景的前提下对这一事件做出独立的判断、思考。

从案例整篇叙述来看,研究者使用了深描法。首先,研究者对整个事件发生的背景做了介绍,揭示了一般意义上校长和教师对课堂教学的认识,剖析了这些认识产生的深层原因,同时也对原田老师的基本情况进行了介绍。这些分析、介绍都是与作者的观察与访谈息息相关的。其次,在随后围绕蒲公英事件的介绍中,研究者仍旧通过参与观察法和深度访谈法的运用,阐述了整个事件发生前因后果,并做了简要的反思,最终以深描的方式将文本呈现给读者。

(二)同桌合作的案例分析

在课堂上同伴互助合作学习的典型形式就是同桌之间的合作学习。同桌关系从时间和空间上来讲,都是同学关系中最为密切的。《学记》中有"相观而善,谓之同学"的观点,作为同桌,两个人经常在一起,彼此十分熟悉,交流与交往又十分便利,不论是学校一般生活还是特殊的学习生活,同桌之间应该是最好的"相观而善"者和合作学习者。同桌之间的关系除了我们熟悉的歌曲《同桌的你》中所吟唱的那些美好回忆之外,还应该有合作学习的趣事来充实与加深这种关系,但在现实的课堂中却很难看到这种现象。这是为什么呢?问题的根本原因是合作学习这种方式难以应用呢,还是我们教师的教学没有到位?为了弄清事情的真相,笔者在小学六年级与一年级的数学课堂教学中做了专门的研究。

　　显然,从文本通篇的思路来看,尽管研究者没有具体交代自己在哪个学校、哪个课堂、什么时间以及进行了多久的课堂观察,但研究者显然遵循了"从这里、到那里、再回到这里"的课堂人种志基本研究路径。从研究者的说明可以看出,在进入课堂观察之前,可能在课堂现场某次研究中注意到了一个新的教学现象,或者说是一个较为宏观的教学实践问题,正是这一问题促使研究者不断进入课堂现场进行观察,探求问题产生的真正原因。同时这些问题的衍生也说明了研究者对合作学习相关文献资料以及教学实践问题的正确把握。

　　　　小学六年级的一节数学课是"分数的应用"。为了便于观察学生在课堂中的表现,作为课堂研究者的我,课前两分种便进入了教室并坐在了我主动认识的第一排座位的两个同学的前面,确定这一对同桌为这一节课课堂观察的重点对象:王帅,男,大大的眼睛,穿一身运动服,显得很机灵;李连,男,稍胖,总有点害羞的样子,看上去厚道可爱。

　　　　"国家一级野生动物丹顶鹤,2001 年全世界约有 2000 只,我国占其中的1/4,其他国家约有多少只?"一上课,李老师就在投影上亮出了题,要求同学们在练习本上画图并解题。王帅同学用三角尺和铅笔在练习本上快速而规范地标出了单位"1"、"1/4"、"3/4"的线段图,在大多数学生还在做题的时候,他已经列出了两种算法并得出了相同的答案:$2000 - 2000 \times 1/4 = 1500$(只);$2000 \times (1 - 1/4) = 1500$(只)。然后带着自信和充满期望的表情,向教师高高地举起了他的右手。同桌李连同学的练习本上很零乱地画出了一段线,选中线段的一半标上单位"1",然后因为标不出"1/4"而在抓耳挠腮。这时,李连同学一直低着头,红着脸,在练习本上不停地乱涂乱画。他偶尔想看一看王帅同学的练习本,可被王帅同学高高举起的右臂"有意识"地挡住了。

　　显然,由于研究者在对课堂现象全面观察的基础上衍生了问题,所以他在这里采用了聚焦的观察方法,将观察的重点放在了所要观察的对象上面。通过浅描,不仅客观、真实地说明课堂进行的过程以及研究对象在课堂中的种种行为表现,也对被观察对象神态的微妙变化做了描述和说明,体现了课堂人种志研究应给予研究者和被研究者的基本立场和态度。

　　　　这时,我不由得在听课记录本上写下了这样的话:"为什么不让同桌之间合作学习呢? 王帅在完成作业之后,一直举着手在等待老师的提问,为什么不帮助李连同学呢? 李连同学在不会做题时,一直在乱涂乱画,为什么他不能向王帅同学请教呢？在合作学习的过程中，王帅同学可以更深入地理解教学内容并体验到合作学习与助人为乐的乐趣，对学习活动会更加有兴趣。李连同学可以理解新的内容，感受到自己也在参与学习，并通过努力后可以完成学习任务。"李老师的数学课是一种以"旧教材新教法"的理念尝试学生自主学习的教学，在接下来的教学活动中，王帅同学一直都表现积极，练习本上的四道题全部正确、规范，并有一次机会到讲台上面向全班同学讲解自己的解题思路与方法。同桌李连同学的四道题一道都没有做出来，在整个教学过程中，他一直低着头，既没有一次得到教师关注的机会，也没有一次与同桌之间进行交流学习的机会。教师在新课程的教学方法上如果不注意改进，以前学生两极分化的现象不仅不会得到解决，而且还会有扩大的趋势。

尽管研究者在课堂现象观察中已经预设了问题，但这是一个比较宏观的问题，并不具体。因为合作学习涉及许多因素，如教育理论的言说、学校的鼓励、教师对合作学习掌握重视程度等等。因此，在衍生问题的基础上，研究者对这一问题进行了深化。这里，研究者在将新课程改革价值取向与传统教学价值观对比的基础上，把同桌不合作学习的原因归结于传统教学模式的影响。同时，研究者在对课堂研究对象以及事件观察的基础上做了记录，保留了自己的真实想法，也为读者留下思考的线索。

课后，我把王帅同学与李连同学的练习本经过他们同意后收集在一起进行了比较，结果发现：李连同学不理解这一节课内容的关键是他不理解单位"1"，而王帅同学恰恰能较好地理解这一点。然后，我让王帅同学给李连同学讲一讲他是怎么理解单位"1"的，此时同学们中有几个争先恐后地要给李连讲单位"1"，教室里顿时热闹起来了。为了更进一步地了解同桌合作学习的可行性与操作步骤，我请来了李老师和这两位同学进行了深度访谈。当我问到王帅同学为什么不当一回"小老师"去帮助同桌时，他说，老师要求他们做完题后，不要给别人看，举手等待教师的提问。李连同学在回答"当你不会做题时，你心里最担心的是什么，你心里最希望的是什么"的问题时，他说，最担心的就是老师来到他的身边，最希望的是能得到同桌的帮助。他还补充说，其实他很想学好数学，但自己总是比王帅笨。听到这里，我被他的真诚话语所感动，在访谈笔记上写下这段话："这就是我们教师眼中的落后生！他们不会做题，他们上课不积极参与，他们总是与我们所希望的学生之间有一定的距离。而这是为什么呢？这都是我们教师教的结果，使他们因为认同自己是落后生而不自信,在学习上缺乏兴趣与动力。"就同桌之间能否开展合作学习的问题,笔者与李老师进行了广泛而深入的探讨,李老师认为,自己理解的合作学习只是在小组中使用,没有想到同桌之间的合作学习,即使想到了,也不知道同桌之间如何合作学习。在李老师教学反思的基础上,他决定开展课堂教学中同桌合作学习的尝试性研究。在有了明确的意识之后,李老师在课堂教学中倡导同桌之间互帮互助的合作学习,并以实际教学为例,教给同桌之间合作学习的一些基本方法。李老师在教学中发现,自己很难关注到所有同桌之间的合作学习。在带着这一问题的教学研究过程中,经过一学期的尝试,李老师终于探究出了"从关注一对同桌开始,以探究合作学习方法为主,教会学生学会合作学习"的同桌合作学习模式。后来李老师在给笔者发的电子邮件中深情地写到:"同伴互助合作学习改变了原先'同桌而不同学'的课堂同学关系,使学生的学习方式多样化、趣味化,使学生体验到了什么是真正的合作学习并掌握了合作学习的一定方法。而对我自己来说,最大的收获是认识到了学生合作学习的能力与潜力,体验到了教学生活的挑战性与趣味性。"

研究者严格遵循了课堂研究的自然性原则,并没有随意干涉课堂事件的发生而造成整个课堂流程的中断,而是在课后利用学生空闲的简短时间内、抓住时机对问题进行了分析,并通过学生的相互帮助弥补了这一失误。随后,研究者通过与两位学生的深度访谈,了解了学生之所以不展开合作的背后原因以及可能产生的问题,深层次地分析了学生心理因素。在与教师的访谈中,研究者也发现真正的原因不在于传统教学的模式,而在于教师对合作学习本质的错误认识以及能力的欠缺。这样,研究者不仅通过课堂现象发现了合作教学在实践中缺失的真正原因,而且在理论上以文本的形式对合作学习的本质以及因素进行了归纳和总结,也在一定程度上通过自身的研究活动与帮助,提高了研究对象的教学水平,实现了研究者与被研究的双赢。

(三)教学知识的案例分析

在一次初中数学课上,李老师问学生$(-3)\times(-4)=$?经过短暂的考虑,同学们纷纷举手。教师微笑着让表现踊跃的张昊回答。但见张昊自信地说:"$(-3)\times(-4)=9$!"伴随着一阵哄笑声,同学们又纷纷举手。李老师轻声问张昊:"为什么?"由于着急,张昊挥舞着双手,但依然难以表达清楚。李老师示意他慢慢说。只见张昊快速走到讲台,拿起粉笔在黑板上画起来:"老师你看！这是数轴，这是 0，0 的左边三个单位是 −3，右边三个单位是 +3，右边六个单位是 +6，右边 9 个单位是 +9。既然是（−3）×（−4），−3 在这儿！"他指着数轴接着说："既然乘以 −4，就是朝相反的方向走四次：−3 到 0 一次，0 到 3 二次，3 到 6 三次，6 到 9 四次。因此，（−3）×（−4）= 9！"张昊兴奋得脸色红润，声音微微颤抖。班内一下安静下来，李老师也一时语塞。突然，李老师灵机一动："同学们怎么看这个'张昊'问题？"这节课剩下的时间是围绕着"张昊问题"而展开的。经过各种争论、辩护、反证，最终揭开了为什么"（−3）×（−4）= 9"是错误的，但人人都赞赏张昊追求数学理解的可贵。

　　教学是文化传递的过程，也是知识"授""受"的过程。在传统教学中，教学知识被限制在一个十分狭窄的范围之内，理性知识几乎成了"教学知识"的代名词而天经地义，极少遭受质疑。理性至上的知识观误解了知识的性质，误解了知识与人的关系，将知识从人中抽离出来，成为一种与人无关的"异在"。知识与人分裂成为一种外在的"统治力量"，压抑着学生的个性，学生不能真切地感受到知识与自己生命的内在关系。教学远离生活，失去了作为一种生活方式的本来意义，学生在教学活动中不能享受日常生活的轻松、愉快，反而成为一种苦役。

　　在上述这个案例中，研究者通过全景式深描的方式，提出了教师在教学中应该持有怎样的知识观，说明教学知识是如何衍生的。当李老师面对张昊回答出"（−3）×（−4）= 9"这一错误答案时，他既没有生气，也没有叫其他的学生给出正确的答案，而是以宽阔的胸怀、柔和的语气询问原因。当张昊在黑板上神情激动的说明这一答案的来龙去脉后，李老师也并没有嘲讽挖苦，而是将问题交给全班同学进行讨论。经过全班同学的争论、辩护，最后大家都清楚了为什么"（−3）×（−4）= 9"是错误的。两者思维的出发点不同，从而导致了不同的结果，而张昊的思维正好代表学生在数学过程中的探究精神。

　　可以说，在整个教学过程中，李老师身上体现的不是传统教学知识观，而是一种新知识观的价值取向。这种知识观强调知识的内在性、创造性、动态性、生成性，它主要面对知识的不确定性领域，注重培养学生求知的方法，发展他们的求知能力，从而增强书本知识的活力，使学生成为知识的主人和创造者。它不把教材看作是知识的唯一来源，教师是知识的权威，学生是知识的容器，教学就是将已有知识灌输给学生的过程，相反，这种知识观认为，除了理性知识，还应将感性的、个体的知识纳入课堂教学之中，这些知识不仅鲜活而生动，构成个人的精神世界，真实地影响、也许还将继续影响个体的生活，而且可以为书本知识学习提供认知背景或

"阐释框架",促进书本知识的掌握。

这种新的知识观的教学方式既重视知识结论的获得,又重视知识形成的过程,强调学生在探索新知的历程中获得丰富的体验,使知识获得的过程同时成为情感态度和价值观的形成过程。它对知识过程性、开放性、生成性的关注也意味着知识学习的重心将由静听领受、复述记忆转向活动参与、探究创新,体验、感悟、参与、合作、探究、对话、发表、评价等方式,丰富了学习方式的内涵。

正是基于这种知识观的基础上,李老师通过"(-3)×(-4)=9"这一错误的回答,引导学生展开讨论、探究、发现,使他们在参与、合作、对话、评价中体验到了学习的乐趣,培养了他们的数学思维和问题解决能力。而要达到这一点,教师就必须建立起专属于自己的研究领域——学科教学知识,只有如此,教师的专业人格、专业身份和专业自主权才能真正确立起来,学生的课堂学习才能在教师指导下,在与同伴合作的过程中创造出新的知识,让学生在探究学科和生活的过程中不断生成精彩观念和美好体验,最终创造个性的发展。

通过上面的案例分析,我们可以发现,尽管不同案例侧重点不同,如有的关注于课堂事件过程以及深层原因的深描,有的关注于对课堂事件发生过程的观察,有的则关注于课堂教学的某一环节事件。这些关注点的不同一方面是研究者在课堂衍生的问题不同,另一方面在于研究者巧妙地将课堂问题与自己的个性特征紧密结合,形成了自己独特的研究风格。无论是哪一类问题,哪一种研究风格,基本都包含着课堂人种志研究最基本的三种研究方法,如第一个案例,尽管整个文字交代过程完全是以一个故事的形式展开,研究者既没有具体说明做了怎样的一个访谈,也没有具体说明自己是怎样的参与到课堂观察,但整个案例仍然使人相信研究者做了这些工作。可以说,这个案例是将课堂人种志的三种基本方法有机结合起来的典范,观察中蕴含着访谈与深描,访谈中映衬着观察与深描,深描中体现着观察和访谈。再如第二个案例,研究者研究的重点在于对课堂研究对象的锁定,并注意观察他们在课堂教学过程的言行举止,后面再展开对他们的深度访谈,从而分析、揭示他们课堂行为产生的深层次原因。具体来说,这个案例是在课堂参与观察中发现问题,在深度访谈中揭示问题,最终给予深描,而这些方法衔接使用的过程也是研究者不断深描的过程,当然也包括深描中的浅描。至于第三个案例,研究者则集中于对课堂某一环节而导致事件的观察与深描,由于课堂呈现的事件过程与结果与研究者价值取向相一致,是研究者提倡和认可的,所以也就没有对相关研究对象进行访谈的必要。这说明,深度访谈法在实践中要根据研究的目的不同而要加以灵活运用，而不能生搬硬套。当课堂观察到的现象、事件与行为被研究者的某种教学理念、价值观相悖时，为了揭示它们产生的深层次原因，研究者就必须进行深度访谈；当课堂呈现的现象、事件和行为与研究者的教学理念、价值一致时，研究者就可以通过参与观察和深描的方式加以彰显，并给以肯定，而不需进行深度的访谈。此外，对于某些课堂问题，如果将研究的视野、角度仅仅局限于对师生的观察、访谈及深描是不够的，要探究、揭示问题产生的深层次原因，就必须将之引申或置于一种更为宏观的社会背景下给予思考和考察，进而发现类似问题中隐藏或折射出的一般的、具有共性的教学实践问题，并将之上升到理论层面，从而指导实践。认识到这些，就抓住了课堂人种志研究的本质和精髓。

六、课堂人种志研究实践：一种试误性的尝试

　　克利福德·格尔兹说："如果你想理解一门学科是什么，你首先应该观察的不是这门学科的理论或发现，当然更不是它的辩护士们说了些什么；你应该观察这门学科的实践者们在做些什么。"我国人类学家滕星也指出，田野工作是田野工作者的"沐浴礼"，没有去过田野的人不能算作一个真正的研究者。作为一个对课堂人种志充满浓厚兴趣的人，仅仅堆砌一大堆理论，让别人去做什么，注意什么，而却没有自己的具体行动来佐证，往往给人以一种指手画脚的感觉，难以令人信服。然而在西方，课堂人种志已经发展成为一种操作性很强的技术化工具体系，为了保证研究的客观性、真实性，许多研究者都要求运用现代化的技术工具，如照相机、摄像机、录音机等。但对于资金缺乏的研究者，这些都是奢侈品。然而，单单依靠自己的一双肉眼去观察课堂中的一切，可行吗？仅凭对人种志、教育人种志以及课堂人种志的一些书籍和文章的阅读，是否真正能够领略、把握它的实质？仅凭对课堂人种志的兴趣，就能做出一个合格的文本吗？但以马林诺夫斯基为代表的早期人种志学者，在上述工具缺乏的情况下取得的成就却给了研究者极大的自信。尽管这种自信在一些人看来是盲目的、"阿Q"的，但也已达到激励的目的。所以，我力图尽自己对课堂人种志的理解程度，去做一番笨拙的尝试，也许这种尝试是自言自语，为他人所不屑，但只要为他人留下一些或错或对的经验也就足够了。动身之前，我对新疆的民族、文化和教育等概况进行了搜索和了解。

　　新疆位于我国西北部，面积有 166 多万平方公里，约占全国面积的 1/6，是我国面积最大的一个省区，也是一个少数民族聚居的省份。各民族中，维吾尔族人口占总人口的 45.73%，其他民族占 54.27%，主要包括哈萨克族、回族、柯尔克孜族、蒙古族、塔吉克族、满族、乌孜别克族、俄罗斯族、达斡尔族、塔塔尔族等。新疆不仅

是个多民族的地区，而且是个多种宗教并存的地区，主要宗教有伊斯兰教、藏传佛教、佛教、基督教、天主教、东正教和萨满教，其中伊斯兰教为维吾尔族、哈萨克族、回族、柯尔克孜族、塔吉克族、乌孜别克族、塔塔尔族、撒拉族、东乡族、保安族等 10 多个民族所信奉，在新疆社会生活、文化领域中影响较大。

近年来，在国家的扶助和自身的努力下，新疆基础教育得到迅速发展和提高。截至 2004 年，新疆共有普通中学 1965 所，小学 5451 所。全省有 71 个县、市基本实现了九年义务教育的目标，其中对 56 个县、205 万贫困生实施免费义务教育，学龄儿童入学率达到 98.79%，初中适龄少年入学率达到 86.32%，文盲率下降到 2% 以下，全省小学入学率达到 97.79%，初中入学率达到 86.32%，高中入学率达到 41.14%，发展规模和速度接近全国平均水平。同时，新疆双语教育也取得了巨大成就。目前，新疆双语教育教学多元发展的格局已经形成，它在提高民族教育质量，开发少数民族儿童智力，促进民族教育事业健康、快速发展等方面发挥了积极的作用。但是与内地相比，新疆教育的发展仍处于比较落后的水平，主要表现在以下几个方面：

其一，由于受历史、地域等诸多因素的影响和制约，思想观念较为落后。尤其在贫困地区，不重视教育、不尊重知识、不尊重人才的问题依然存在。教育模式基本是仿照发达地区的教育结构、专业设置、课程内容、教学方法等，严重脱离本地生产和生活实际。这种脱离当地实际的教育不但起不到促进经济和社会发展的作用，还使得"读书无用论"在当地重新抬头。

其二，城乡教育发展严重失衡。近年来，随着城市化进程的不断加快，农村先富起来的农民逐渐向县、市迁移，部分农村剩余劳动力也进城务工、经商，一些在农村工作的企事业单位人员还在县、市定居，因而在县、市形成了庞大的基础教育需求，致使县、市学校的压力不断加大，班级学生数量严重超标。与此同时，农村中小学生数量逐年减小，教师、学生人心不稳，教学质量意识逐渐淡化。

其三，教师队伍建设落后，整体质量不高，数量严重不足。目前，农村还有不少中小学教师来源于非师范院校毕业生，在一些偏远农村学校，有不少初、高中生代课教学。此外，边远地区对学科带头人、骨干教师的培训比较滞后。80% 的教师没有系统学习过教育科研理论，也没有交流学习教学方法的机会与条件。新疆有 30 个国家级和自治区级贫困县，由于缺乏吸引大学毕业生从事教育工作的优惠政策，加之条件艰苦，内地的许多甚至连新疆的大学生都不愿到这些贫困县任教。因此，教师队伍普遍存在数量不足，素质不高，学历偏低，合格教师和优秀教师偏少等问题,尤其是县、乡中学数理化、生物、外语、汉语等专业的教师非常缺乏,已经严重地影响到了学校的正常教学工作,部分民族教师实际水平与学历不相符,不能很好地胜任教育教学工作。

其四,民族教育发展落后,状况堪忧。首先,由于长期享受国家优惠政策,少数民族教育片面强调按人口比例确定升学机会,过分突出了民族教育的特殊性,放松了质量标准,违背了教育发展的一般规律,没有很好地引导广大少数民族群众和青少年学生把注意力转移到提高教育质量和民族素质上来,致使民族教学质量难以提高。其次,新疆民族基础教育在结构、办学形式、教学内容上比较单一,个性和民族特色不鲜明。一方面,由于学校课程设置和教学内容与地方生产、生活实际不完全相适应,而家庭对子女教育投入的压力又不断增大,学生不能做到学以致用,再加之现在大学毕业生实行双向选择、自主择业、竞争上岗,民族毕业生就业率比较低,这使民族学生家长产生了"读书无用论"的思想。而另一方面,许多的职业岗位"虚席以待",人才难求的问题非常突出。在课程设置上,也未能重视当地经济社会发展的实际需求与民族群众的心理、生理特点,没有设置体现民族历史文化和具有民族特色的课程。再次,民族学生家长送子女接受教育的积极性不高。由于认识上的误区以及受传统观念、家庭经济状况、教育水平、地理环境等因素的影响,农牧民群众,特别是边远地区的群众不能自觉地保障子女接受完整的九年义务教育,送子女接受初、高中教育的积极性也不高。尤其在女童教育中存在入学率低、巩固率低、在校学生中所占的比例低、辍学率高的现象。最后,民族中小学理科教学由于受语言、经费、条件等因素的制约,在使用理科教学辅助资料、相关资讯、典型经验、业务培训资源等方面还有很大局限性,其学科思想、教育观念、前沿领域信息、教研成果、学术氛围等方面得到的援助或影响也远不如汉族学校,城乡学校之间的差别比较大,特别是在师资相互交往过程中获得优质资源帮助的局限性比较突出,严重制约了民族理科教学质量的提高。

其五,双语教学存在诸多问题。首先,双语教师队伍整体质量不高、数量不足的问题仍然突出,而双语教师数量少,特别是边远贫困地区双语教师更是严重缺乏。目前,学汉语的需求高涨与师资数量严重不足、发展速度快与质量不高的矛盾非常突出。民族学生学习汉语的积极性非常高,南疆出现了在校学生积极要求上双语试验班;父母积极把子女送往汉语学校、汉语幼儿园;一些地方还出现了少数民族人士自己投资开办汉语班、汉语短训班或汉语幼儿园;个别宗教人士倡导学汉语;农民不仅支持子女学汉语,自己也学汉语。中小学双语授课班级增长速度非常快，但受双语师资严重不足的限制，双语教学质量的提高及其推进速度都受到了严重的制约。特别是农村地区，许多学校没有还实现双语授课。其次，双语教育亟待加强汉文化传播。新疆双语教学中汉语言和文字教学缺乏文化内涵，教学过程缺乏文化传播，语言、文字符号化教学仍然占据着主导地位，导致教师难教、学生难学、学了也难懂的现象。再次，双语教育教学信息化水平较低的问题有待解决。民族学校在配置双语教学资源上缺乏主动性、缺乏动力，在方法上缺乏融合、创新，推进教育教学信息化的水平还比较低，特别是网络、广播电视等汉语教育资源还没有被广泛、有效地利用起来。在资源转化和利用上，也还存在形式化的问题。更为关键的是，在这个过程中，还缺乏把汉语信息中承载的汉文化、自然科学的内涵融入教学的全过程，缺乏吸收研究自然科学的思想方法、教学理念，尊重教学规律等，影响了双语教育教学的整体质量。

（一）到达阿克苏——意外事件的发生

2008年8月30日早上10点48分左右，我们来到了阿克苏市，第二天，我正在等候另一名与我同行的带队老师。一个学员走了过来，他满脸通红地向我打听负责领导的去处。原来根据学校最初的安排，这一批实习支教的学员要被安排到乌鲁木齐市附近实习。出于安全的考虑以及条件的不成熟，后将实习支教的地点改在了阿克苏市。"在阿克苏市我也没有意见，但现在分配下来，我们许多人都在幼儿园、小学、初中里面，专业也不对口。我们专业来了40多个人，大部分都是我鼓动过来的。现在他们都骂我，说是我把他们骗过来的。"他焦虑地说。我极力地安慰他，大概十分钟左右，他已经安静下来。这时另一个带队老师也出来了。听了这件事后，他极力要求将这个学员带到相关负责领导那里。为了保证学员们能够安心在阿克苏市完成这次实习支教任务，几位随行领导临时召开会议，对学员的状况进行安慰与鼓励，学员们的心情基本平静了下来。

这件事表面上似乎是学校安排上出现了差错和失误，然而实质上反映了学生对自己未来工作的定位和教学理解的偏差。他们认为高中教师就是比幼儿园、小学和初中的教师水平高，反之，则不亦然。从后面工作展开来看，几乎每个学员都抱有这种看法。这种看法不仅影响着学员们实习的积极性，也直接影响着他们教学水平的提高。

(二)沙雅——我的目的地

8 月 31 日中午,我们经过 4 个多小时的跋涉,于下午 7 点左右来到了沙雅县。

沙雅县位于新疆维吾尔自治区西南部,阿克苏地区东偏南,地处塔里木盆地北部,渭干河绿洲平原的南端,北靠天山,南拥大漠。

沙雅县有 20 多个民族,主要有维吾尔族、汉族、回族、东乡族、壮族、蒙古族、俄罗斯族、哈萨克族等,是以维吾尔族为主的多民族聚居地区。

由于地处南疆,交通不便,加之是多民族地区,这里的教育比较落后。受宗教信仰、社会风俗、生活习惯、传统观念以及地理环境等因素的影响,许多少数民族家长的子女教育观念薄弱。不仅极其缺乏教师,而且教师的工资低、待遇差、任务重、加值班多、培训机会少。因此,当地教师教学的积极性普遍不高。双语教学流于形式,用当地老师的话来说,所谓的双语教学就是为了能从教育局领到钱。在这些因素的制约下,课堂教学存在着诸多的问题。

第二天,沙雅县为我们举行了一次简短的欢迎会。会上,我们对实习支教的50 名学员的工作进行了安排,并让他们与所去的各个学校的校长见了面。根据沙雅县教育局的安排,我们学员全部分布在沙雅县县城的学校,包括一幼、二幼、一小、二小、三小、四小、五小、一中、二中和三中。除三小、二中是汉族学校,三中、四小是民汉合校外,其他全部是民族学校。

起初,我和学生是陌生的,所以,我要做到的第一步工作就是消除这种陌生感,缩短彼此之间的距离,增加相互之间的信任感。这种认识在开始时并不是与我的研究紧密相关,而是出于一种负责的工作态度,获得他们的信任和支持。

(三)沙雅之行——矛盾的初步凸显

毫不夸张地说,在这一批实习支教的学员中,我们沙雅县的居住条件是最好的,但也出现水土不服、交通不便、信息闭塞、工作任务重等问题。

2008 年下半年开学初,我们来到了中国最大的沙漠边缘县城——阿克苏地区的沙雅县。初到此时,这种不同的人文环境和自然环境给我们带来很大的不便。

蚊虫时不时的叮咬算是实习支教期间所有同学最难忘的经历,再加上风沙大,干燥少雨,许多同学到此后都感觉皮肤干得厉害。这里的水碱份含量大,让我们一时很难适应,苦、涩、咸成为每天饮水必须面临的味道了。另外,洗澡问题至今仍未解决,几乎所有学生基本上一个月都没有洗澡了。三中的地理位置在县城的郊区,所以一天上班就成了问题。我们住的金水胡杨小区房间经常出现问题,满地都是装修后留下的残渣和灰尘,除了简单的桌椅,唯一惊喜的是一台电视机。

我们所在的学校虽说是县城小学,但实际上处于农村包围之中,地上经常浮土很厚,摩托车过去,经常会掀起很高的扬尘。到学校的第一天,因为我们没记下路,摸索了将近一个小时才到学校。

我们的教学并不是一帆风顺。因为校长告诉我们:"大部分学生听不懂普通话,不过你们教着教着也就懂了。"而实际上也是如此,由于不是双语班,我们和他们交流很困难,他们也几乎不能完整地说出一句规范的汉语。

学校老师也几乎不懂汉语,所以我们和她们几乎不说话,除了上课之外,我们只能待在办公室打发时间。①

与阿克苏事件一样,原先学校曾做出让他们带高中年级专业课的承诺,在这里完全被不是本专业的课程替代,学校也变成了幼儿园、小学和初中,在高中的学员不超过 20 个,大部分学员没有被安排工作,而是干一些资料打印、复印的工作。在沙雅最初一周里,宿舍中满是失望的面孔。"这样安排我们明年怎么找工作?""学校把我们骗到了这里!""我们到底怎么办?""这样实习支教有啥意思,学生一句汉语都听不懂,校长硬让我们上课。"这几句话经常挂在学员嘴边。作为学校的代理者,我常常成为他们发泄的对象。虽然我给他们讲实习支教就是吃苦,不是享乐,就是为自己的人生增长阅历而不要过分在意代什么课,就是为国家团结、民族稳定做贡献。其实教学的道理都一样,小学教好了,高中也一样能带。然而,他们似乎对这些大道理毫无兴趣,心里充满了对于自己未来命运的担忧。尽管马桶堵塞、开关失灵、下水管道漏水等直接影响他们生活的问题基本得到了解决,但他们都把这看成了我理所应当的职责。他们并不知道,此项工程的负责人是如何当着我的面牢骚满腹的。我心里烦闷,和他们待在一起也是尴尬异常和甚为无趣。有些学员见了我时也表现出一副爱理不理的神态。我告诉他们,问题要慢慢解决,我只能反映、督促一下,并不是所有的问题都可能解决。但学员的意识中,我只是在找推脱的理由,不管他们的死活,这常常使我陷入不被信任的行列。可以说,在沙

---

① 楷体部分文字来源于实习支教学员每月写的情况汇报、日记以及笔者每日给学校的情况汇报材料、日记。后面类同。

雅的起初,大家一直把我看作毫无信任感可言的人,而我自己感觉也已经与骗子毫无两样了。但白天我继续爬上爬下维修各个房子存在的问题,晚上依旧去学员的房子,去听他们满肚子的委屈与怨言。而刚刚过去一个的晚上,几个社会流浪分子在小区的寻衅闹事也常常使我为他们的安全颇为担心。

所以,我的工作以及与学员关系的建立几乎是从解决他们吃、住、行,心理沟通和教学调动等开始的,所以在沙雅的初期到结束,我一直是他们的后勤工作者、心理咨询者和教学指导者。我承认我不见得有多高明,我只是提供一种思路、一种建议,抱着与他们商量的态度解决问题。其实,学员中也不缺乏高明者,他们也常常替我出谋划策,帮助我分担困难。我这样做的目的,也是遵循课堂人种志的基本要求,将我与他们如何建立信任关系的过程在这里呈现出来,说明我对课堂人种志的研究并不是主观臆断的行为。

(四)沙雅之行——从生活关心开始

1.吃饭的问题

沙雅县其实并不小,甚至比其他省的一些城市面积大的多。根据阿克苏市和沙雅县教育局的介绍,沙雅的物价达到了很高的水平,这给学员的饮食造成了一定的困难。尽管新疆教育厅、阿克苏教育局以及学校的领导在检查学员安排过程中了解了这一问题,沙雅县教育局也对此做了统筹安排:以一中、二中和三中的学生食堂为就餐点,采取就近吃饭的原则;实习支教学生可以根据自己所在学校与上述三所中学的远近状况以及自身的饮食爱好、风俗习惯与宗教信仰等向校长提出就餐的学校,再由学校统一办卡。少数民族学生可以去一中、二中的民族食堂吃饭,汉族学生可以去二中、三中食堂吃饭。我也去二中办了一张饭卡,中、下午一起与学生去吃饭。但后来的事实证明,这样安排并没有根本上解决学员吃饭的问题。

尽管教育局将一中、二中和三中作为我们学生的定点食堂,但去里面就餐的人却很少。根据我平时去定点食堂吃饭时的观察,发现只有极个别的学员在里面进餐。通过了解,学生不愿意去食堂就餐的原因主要有:

(1)卫生质量不好。有的学员反映,他去食堂就餐时,饭里不是有虫子就是有苍蝇,所以以后就不去了。

(2)饮食不习惯。由于这些食堂主要就餐对象是在新疆生活、长大,饮食也形成了自己的在校学生,所以一些学员会感到不适应。一些学员认为,与定点食堂相比,尽管外面饭馆贵一点,但只要合口味,贵一点也不要紧。

(3)时间不够。一些学员反映,他们中、下午放学后常常会赶在吃饭高峰,导致吃饭时间紧张或没饭吃。

在这样的情况下,一方面我告诉学员,让他们尽量去那些经济、实惠、卫生、口味比较好的饭馆吃饭,另一方面,建议他们自己做饭,并让他们明白做饭要节省得多,而且适合自己的口味。到 11 月初,吃饭不再是困扰学员的问题。

通过了解与观察,目前学员就餐的方式是通过以下几种方式解决:

(1)15 ~ 20 名学员现在一家兰州牛肉面馆就餐。

(2)自己做饭吃。计有 3 个房间,10 人左右,分别为 2 号楼 2 单元 301 和401、1 号楼 4 单元 402 房间,灶具主要通过自己购置、向指导教师借用、学校配给等方式解决。

(3)包饭。有 5 名学员自己与饭馆商量,3 ~ 4 天交费一次,每人花费一天15 元(早餐自己解决)。

(4)饭馆吃与自己做相结合。也有些学员由于时间紧,中午去饭馆吃饭,晚上则用自己买的电饭锅煮一些喜欢吃的东西。

2. 心理问题

从兰州来到沙雅,生活上的不习惯、住房存在的问题、加值班过多、教学的不适应也使学员们在心理上感到极不适应,甚至有个别学员提出了要回家的想法。这里就沙雅的加值班情况做一简单介绍。教师一般在完成正常的教学任务后,还必须要加值班,但大多没有加班费。在中学,女教师一般值白班,男教师值夜班,一共大概 4 个多小时。小学由于女教师比男教师多,所以一般是一个男教师和两个女教师一起值班,尤其是晚上,女教师可以在床上休息一会,男教师只能坐在椅子上打盹,很累人。刚到这里,学员基本上都被安排了加值班工作,他们意见很大。后来尽管给副县长反映了这一问题,但一些学校由于教师极为缺乏,还是让学员加值班,为此,在考虑这些学校实际的情况下,经过我的协调,学校和学员都做了一些让步。

沙雅一中是一所民族完全中学,学校几乎全部是维吾尔族学生,学校授课主要以维语为主,会说汉语的学生居然不到 1%(主管教学的副校长透露)。虽然学校在初一年级与高一年级开设了双语班,但授课基本上还是以维语为主,双语班科目教师的汉语水平也有限,因此很难适应双语教学任务。在这样的教学环境下,对于我们这些纯粹不懂维语的支教学生来说,语言障碍便是交流的最大问题。

学校给我们五个人安排了教学工作,虽然专业不对口,但在这个学校,能给我们安排教学工作已经确属不易,因为这是一个完全的维吾尔族小学,一个全校师生汉语水平不超过汉族小学六年级水平的小学。在教学中,我们只能针对一部分勉强能够听懂我们话的学生展开教学。关于这个问题,我们也曾经跟校领导进行了交谈。他们说:"只要我们慢一点,适当加以解释,至少有四分之三的学生是可以听懂的。至于那些实在听不懂的,我们也没有办法!"。

实习生活索然无味,消息闭塞,感觉生活在一个封闭的世界。学习也是有的,不过在这样的环境里,恐怕也没有什么劲头。

为了使他们在心理上接受这一现实,尽快适应这里的生活、工作与环境,我每天晚上去宿舍与他们谈话,或借用吃饭的时间和他们交流、沟通。通过不断的交流和沟通,我们互相之间有了较为深刻的认识,对此次实习支教的基本精神与宗旨也有了更加深刻的认识,心理也发生了很大的变化。正如我给学校的报告中写道:学生的心理经历了一个从不适应到适应的过程,从开始的不满到对现实尊重的过程,确实展现了当代大学生正视现实、尊重现实、乐于吃苦与勇于奉献的精神与态度。

但随着学员们对教学工作的渐渐深入,工作中便会碰到实际中与自己想法不符的问题,如教师工作的单调、重复、琐屑,工作中的无助、孤单,对教学工作的不同认识也使他们感到苦闷等。这些问题常常使他们流露出孤独、寂寞、失落的情绪。当然,也有学员在前段生活与工作的基础上开始了自我反思。

大多数本地老师对我们还是很友好,很热情的帮助我们,但个别老师还是对我们不支持,对我们所带的课不理睬,甚至还有占课的事情发生。就拿我来说,我上三、四年级八个班的课,有的班学生基本能来齐,有的班仅仅来几个,一问才知,其他老师不让过来上课,让学生在教室里面做作业。尽管一个老师给我说,计算机是副课,但我觉得这不是理由,但也不知道怎么办,上报学校,怕闹出事,不说又没有办法交流,不问不追究又上不好课,非常头痛。

我们在经济、思想上都遇到了一些困难。有限的补助、不合理的消费方式使我们一到月底就"弹尽粮绝",这是需要不断规划的。十个月的生活与工作的单调、重复使得我们学习的积极性大大减弱,思想上很难聚焦到学习上,这也是我们需要重视的问题。

学员的自我反思证明了一部分学员开始渐渐融入这里的生活,开始面对生活和工作存在的各种问题,逐步为自己即将走上社会和工作岗位奠定基础。而大部分学员仍然存在着各种消极的情绪，经过了解、分析，我认为主要有以下几个方面的原因：

首先，对教学工作缺乏体验而产生的短暂性心理失衡。由于这些学生大多出生在八五年左右，物质条件优越，上学一帆风顺，对将来工作充满热情，但工作之后一段时间就会由于重复、单调的教学工作生活而产生失落感。随着时间的流逝，学校老师也不再把他们看作是一个实习支教的学员，而看作是自己群体的有机组成部分。这种角色的转变在一定程度上引起学员们心理的不适。

其次，自我认知的缺乏。大部分学生很少出远门，对于将来自己独立生活缺乏正确认识，从而在现实生活中迷失了自己，感受不到自己的作用与价值，也不会通过各种方式调整自己的心理状况。

再次，情感依赖。尽管学生在年龄上已经是成年人，但远离亲人、老师、同学而产生的情感失落难以在这里找到依托。

针对这些情况，我一方面通过每天晚上查宿和星期六、日时间与他们坐在一起聊天、谈话的方式，帮助他们认识到自我，认识到将来的生活、工作和自己所要面临的问题，对于存在的问题要抱有一种积极向上的心态，善于转变自己的角色，承担社会责任。另一方面我告诉他们要善于调整心态，要通过与其他学生交流、沟通、游玩等活动，转移自己的视线，充实自己，要学会从长远角度考虑，理解这次实习活动对以后人生的意义与价值，同时，要学会与当地老师交往，融入他们的工作、生活，化特殊为一般，正确面对工作和生活中出现的各种现象。

当然，随着实习支教结束日期的临近，个别学生也产生了思乡情绪，然而，这种情绪与以往有了很大的变化。这一心态的变化，证明了学员在经过短暂的实习支教工作后，对人生的认识，对社会的观察，对教师这份职业的态度，对自己的了解变得更加成熟，这必将对他们以后的生活、工作产生积极的影响，也必将成为他们以后人生的一笔财富。

3. 交通问题

出于安全和方便的原因，沙雅县教育局在我们刚到沙雅时就要求除二中、三小之外的学校都必须向学员提供自行车，为学员上下班提供便利。刚听到这个消息的时候，学员都很兴奋，但事实上这个要求在执行过程中并不是如人预料的那样顺利。

尽管教育局有这样的要求，但实际上学校对之采取的态度则有很大的差异。个别学校积极主动一些，一接到学生，第二天就配备了自行车，一些学校则比较晚，而有些学校则采取观望拖延的态度。有的则是学生在不断提出要求后才配备自行车，如某一个学校几乎是在国庆假的前一天才为学生配备了自行车。有的是在学生无望获得自行车后将情况告诉我，我再与校长协商，如五小，这个学校是整个实习支教学校中距离胡杨小区最远的一所学校，步行至少需要 30~40 分钟，而且分在这个学校的一位学生是平底足，若天天步行则几乎很难适应这么远的路程。不过，在协商后的第三天，学生配备了自行车。尽管教育局给一些学校没有提出为学生配备自行车的要求，但个别学校如二中，也为学生配备了自行车。在其他学校，如三小，学生基本上是步行上下班，但也有个别学生向学校老师借自行车；在二幼，包车司机是维吾尔族，二者话语不通，加上下班不准时，学生也几乎是打车或步行上下班；在一幼，学生则通过自买或合买的方式骑车上下班。截至 9 月底，实习支教的学生通过学校配备、自己购买和向学校教师借用的方式全部解决了交通问题，基本是两人一把或一人一把。为了保证安全，我对学生的交通问题提出了两点要求：一是要注意交通安全，注意人身安全；二是要注意自行车安全，要经常注意自行车维护，同时上下班后要将自行车搬入房间，以免自行车丢失。

因为学校也是第一次接触实习支教这项工作，对这一工作不甚了解，尽管每个学校都有国家拨付的公共经费，但由于经费比较紧张，学校不愿意把钱花在琐碎的事情上。

有了自行车，学员们上下班方便多了，中午也能回来休息片刻。在工作之余，他们也能几个人一起出去，了解沙雅的文化、风情、地理概貌等，甚至一些学员骑自行车去 60 公里外的塔里木河游玩。

> 为了减少我们交通上的不便，学校为我们配备了自行车，虽然已经花了不少的钱对自行车进行修理，但想起前段时间因为走路而红肿、长泡的双脚和一星期就破了的皮鞋时，心里还是很满足的。

（五）沙雅之行——工作的重新调整

实习支教是一个充满神圣的事业，但也是一个令人容易产生误解的字眼。千里迢迢来到沙雅，在谁看来都是一种支教的活动，实习大可不必跑这么远。相反，学员的认识则停留在实习层面，并不认为他们是来支教的。彼此认识的差异难免造成衔接上出现问题，这也就牵涉到后面工作的重新安排。工作的调整最初是从二幼开始，然后是一幼，再到三中。这个过程同样不是一帆风顺。

记得几个学员刚被安排到二幼,与其他学员谈起彼此之间的待遇时,他们的情况常常引起别人的嫉妒:出租车接送,中午饮食免费,这简直是在当贵宾!许多学员和我的想法完全相似。所以,当她们来找我要求工作重新调动时,我很纳闷,怎么才一周就不想去了呢?从她们的描述和谈话来看,似乎是二幼对她们的承诺没有兑现。不仅中午的饮食没有保证,而且晚上加班到2、3点钟的情况也常常让她们苦不堪言。我答应她们去幼儿园了解一下情况,如果她们反应的问题是真实的,就可以重新调动。幼儿园园长很热情接待了我。交谈中,她承认出租车不按时接送学员的情况,并告诉我在本周内会解决这一问题。对中午吃饭的问题,她认为她们做得很好,而是我们学员说了谎。大概一周后,我去教育局询问调动事宜。他向我介绍了情况,他们正在了解各个学校的情况,等有空缺的工作岗位就马上重新安排。

二幼学员的工作刚刚安排完,一幼与一中的学员问题很快就暴露了出来。一幼除了两名幼儿教育的专业对口外,其他学员没有课带。此外,一中除了一名维吾尔族学员带教育技术课外,其他的也是整天无所事事。安排上课的计划仍然没有落到实处。通过对这些学校情况的了解与分析,我初步确定,在一幼学员调动基础上,对二幼和一中的学员的工作有必要再重新调整。

在我们的要求和带队老师的协商下,我们从幼儿园转到了沙雅县第二小学,结束了我们幼儿园的生活。

来到一小后,学校领导对我们很关心,首先帮助我们解决了交通问题——配备了自行车,安排了指导教师,工作方面也安排比较周到。

给我感动最多和感触最深的还是学生,教务处给我们排的课是五年级数学和音乐,孩子们对我的到来很高兴,他们天真的话语和真诚的笑容令我每天都很开心。音乐课是他们最爱上的课之一,我也在努力上好每一节课,挑选经典的、适合他们的曲目,争取能给他们留下美好的回忆。

(六)沙雅之行——文化的追求

在解决学员们饮食、心理、交通以及工作等问题的同时,我也将学员的文化生活提上了日程。9月底,沙雅县教育局开通了有线电视,学员们可以在下班回来的闲暇时间观看电视,了解国内外消息。同时,在我们的要求下,沙雅县政府和教育局在每周六、日免费为学员开放沙雅县文化艺术中心,学员可以进去打乒乓球、台球,唱卡拉 OK,下跳棋,看电影……很大程度上丰富了学员的文化生活。一些学校也主动在周末带学员出去观赏沙雅有名的自然景观，如胡杨林、魔鬼林、沙漠和塔里木河大桥等。学员们在这里看到了边塞风光，开阔了视野，增长了见识，体验到了我国边疆地区特有的文化与风情，也在各种活动中与当地教师融合在一起，感受到了身上的使命感、责任感。

随着实习支教工作的逐步深入，学员们也慢慢对沙雅县有了了解，知道哪里有书店、报纸摊，可以经常租一些书或买一些报纸，一些男同学也可以在周六、日去附近的学校打篮球。一些学校也要求我们学员能够组织起篮球队，在闲余时间与他们进行篮球友谊比赛。有的学员在学校老师的邀请下，去家里做客，了解少数民族家庭的一些礼节，感受到了我国少数民族的热情、大方以及我国文化的多元性、丰富性。

在我的建议下，学员们也主动组织起来，先后两次去了中国最大的内流河——塔里木河和世界上最大的天然林——胡杨林进行了参观。

在中秋节、国庆节，文化宫向我们开放，大大丰富了我们的生活。唱歌、下棋、看电影无不增添了乐趣。我们组织团体，观看了中国第一大陆河——塔里木河，感受了洪枯水位的变化，亲自体验了干旱地区气候的特点，这些都是我们难得的财富。

十月六日我们正式上班，相比于九月份的生疏与不适，十月的工作、学习变得轻松，渐渐我们融入了一幼这个大环境之中。在生活上，我们更加懂得了照顾自己，熟知了几家餐馆，偶尔破费享受下美味的大盘鸡、精美小炒；空闲时便骑车去户外欣赏、领略沙雅的美丽风景。

（七）沙雅之行——批评与教育

在这一点上，也许有人会问，作为一名带队指导教师，在学生做得不对的时候，对他们进行批评和教育不是很正常的吗？道理虽然如此，但要以为事情就这样简单那就大错特错了。刚到沙雅之时，我与学员就曾不止一次唇枪舌剑的争论过，甚至连一向温柔听话的女学员也与我顶嘴。尽管他们不说什么，但我感到的是信任的缺乏。从深层次上讲，能够在沟通、交流的层面上，以一种批评的姿态教育他们，并且使他们能够诚心诚意的接受你的批评，这本身就证明他们对你的尊重和信任，也说明了我在他们心目中地位的变化。也正是通过以心比心、换位思考的方式，学生接纳了我，成为他们认可的指导教师。也正是在此基础上，我的批评才开始发挥作用，并验证了我已经取得了他们的信任。

1.想喝酒的 S 学员

S 学员是一个性格内向、不爱说话的女孩子，偶尔遇见我，也只是礼貌的问候一下。一天晚上，我去商店买东西时，老板告诉我，你的一个女学生想在这里买白酒，说自己喝，因为担心出事，所以他拒绝了。十几分钟后，S 学员进来了，看到我似乎很惊讶，但和我打了声招呼，就直接找老板去了。我坐在那里，看着她和老板争来争去。过了会儿，老板笑着说："你们带队老师也在这里坐，如果他说给你卖，我就给你卖；如果他说给你不卖，我就不给卖。你看行不行？"

"我想喝酒是我自己的事情，与我老师有啥关系？"

"老师，那你看给你的学生卖不卖啊？"最后，老板被纠缠的实在没有办法，把我推了出来。这个时候，我只能表态了。和 S 学员交谈十几分钟后，她仍然坚持要喝酒："老师，你早点回去休息吧！天也不早了，我就少喝一点，你就不要管我了！"谈到这里，谈话已经到了山穷水尽的地步。我和老板面面相觑，犹豫了一会，我说："既然这样，我就叫几个男同学过来一起喝酒，一个人喝酒有啥意思啊！"

又是费了半天口舌，S 学员终于同意了，并以我的名义打电话叫来和她关系很好的两位男学员。喝了不到一两，S 学员就喝多了，但她仍然不愿离开商店，嘴里还喊着要喝酒。在连说带劝下，我们离开了商店。

第二天中午，S 学员打电话给我，说想和我说说话。通过了解，我才明白，由于离家时间长，加之她性格内向，同宿舍的其他学员回来比较晚的缘故，她感觉既孤独又烦躁，所以想喝点酒。在让她尝试改变自己性格、善于学会与他人交往、扩大自己社会圈的同时，我对她们宿舍的其他学员提出了要求，希望她们能够按时回宿舍，在闲余时间出去时，能够叫上 S 学员，以免她一个人待在宿舍里感到孤单。

2.忙于补贴家用的 M 学员

M 学员的事是他所在的实习学校告诉我的，说他经常迟到，有时不打招呼就跑不见了，打电话也不接，尽管被批评了几次，但似乎没有效果，所以希望我这个指导教师好好批评一下。晚上我去了他住的宿舍，同宿的其他学员都在，就他不在。其他学员告诉我，M 学员家里经济状况不好，在上大学期间就通过带家教为自己凑集学费和零花钱，到了沙雅之后，也到处找机会去赚钱，因为不能上课，担心影响自己将来找工作，所以 M 学员这一段时间的心情也不好，现在没有回来可能是把家教带完上网去了。

第二天中午，M 学员找到了我。他告诉我，由于学校没有安排上课，所以他和其他学员整天就是待在办公室，没有什么事可干。"我们都反映了几次，要求学校安排我们上课，你也替我们反映了几次，但到现在还是上不了课。我感觉这个学校根本就不重视我们，也不想管我们，把我们当廉价劳动力来用，干一些杂七杂八的事情，所以就不想去了。"接着他兴致勃勃地告诉我，他这两天给街道上装路灯，装一个60块钱，"太低了，我给他们头说了，明天就涨到80块钱了！等我挣到钱，到时请你吃饭。"在对M学员能够为家里考虑、替家里分忧的行为表示赞赏后，我先就自己未能尽到带队教师责任向他道歉，接着就他实习存在的问题进行了批评。M学员承认了自己的错误，表示以后会改正，但也希望能够早点被安排上课。

经过一番努力，M学员以及和他待在一起的学员的上课问题终于被解决了。

3.恋爱中的N学员

N学员是和她男朋友一起报名来阿克苏实习支教。她的想法很简单，就是希望两个人能够尽量分配在一起，以便相互照顾。然而工作的安排并非如她所愿：她被分配到了沙雅县，她男朋友则被分配到了阿克苏市。刚到沙雅县的时候，两个人还经常互相通过打电话、发短信保持联系。随着实习工作的展开，日益忙碌的工作使得两个人的联系不如以前那样频繁。

一天晚上，我快要睡着了，一个女学员打电话给我，N学员在宿舍里面留下一个纸条，不见了。纸条上的大概意思是，我为爱已经付出了很多，如果明天找不到我，说明我们的爱就已经结束了。看到这个纸条，我心里似乎产生了一种不祥的预感。于是我一面让学员打电话喊起其他学员，一面询问N学员这几天的行为表现情况，一面让学员给N学员的男朋友打电话询问他是否能够联系到N学员。当N学员的男朋友告诉我他现在也无法联系上，其他学员已经全部在楼下集合准备出发之际，N学员面无表情的从一个黑暗的角落里慢慢地走了出来。尽管特别生气，但我还是对她说："既然回来了，就回去好好休息吧！有啥事，明天再说吧！"

第二天中午，我和N学员进行了沟通。她告诉我，她男朋友说要和她分手，所以想不开。"一分手就想出走，就想自杀，你男朋友比你父母还重要吗！万一出事了，你想你父母会是怎么想的。"尽管与N学员交谈了1个小时多，但她的心情似乎并没有好转。于是，我要求和N学员同宿舍的其他学员注意她这几天的情况，如果有什么问题随时打电话找我。下午，N学员过来对我说，经过跟男朋友的相互交流，两人消除了彼此的误解。随后，N学员的男朋友也找了我，就他们之间的事情向我进行了道歉，并承诺以后再不发生类似的事情。

(八)沙雅之行——听课与指导

11 月份,我花了将近 3 个周的时间听了各个实习支教点的学员授课情况,科目包括数学、语文、地理、生物、劳技、化学、物理、体育等。从听课情况来看,大部分仪表整齐、举止大方自信、声音洪亮、语速恰当且充满激情、表达清晰且有逻辑,教案整齐、课堂秩序井然有序,板书醒目、教学环节完备、新旧知识过渡自然,讲练结合、积极互动、批改认真等,但也有极个别学员上课存在不认真、不严肃的情况。对此,我要求他们多向自己的指导老师请教,多听老教师的课,学员要彼此之间互相听课,虚心请教,严格要求自己,要善于针对问题采取措施,要互相帮助,共同提高。同时,为了减轻他们的心理压力,我也与他们分别单独进行了交流、沟通,根据自己已有的教学经历鼓励他们要正视自己困难,战胜困难,只要自身的不断努力,教学水平一定会提高。

此外,对于其他学员,一方面我要求他们在取得已有成绩的同时,积极努力,争取使自己的教学水平再上一个台阶,另一方面,针对学员中只听新课讲授,忽视复习课、习题课的做法提出了批评,要求他们在重视新授课的同时,更要注意其他类型课的授课方法,从而使教学成为一个完整的系统。同时,我要求学员们改变观念、提高思想,不要认为用现代教育技术手段授课就说明自己的课讲得好,而是要根据教学任务、学生的学习状况等方面进行选用。

(九)沙雅之行——学习、自我反省与收获

在我和各个学员指导教师、学校等的共同帮助和引导下,学员们在提高自己教学水平、技能的同时,积极学习,同时也在对以往的工作、生活展开了自我反思。

小学生年龄小,纪律性差,自我约束力不强,注意力的集中时间一堂课大概就只有 20 多分钟,所以,维持课堂纪律是一件不易的事,所以老师需要有很大的耐心。

对班级突发事件的处理也有了提高。11 月 7 日,六年级一班体育课,艾尼瓦尔江胳膊摔断,支教班主任在第一时间内将学生送到医院,并把此事交付于保险公司。

随着时间的流逝,学校的日常事务日益增多,当对有些事情举手无措时,只能去向别的老师请教。老师的热情给予了我们勇气。步入社会的第一步,要学会怎样与人相处,学会许多处事之道,所以过去讲台上的茫然也一去不复返。

　　带着些许收获、些许失落，结束我们的实习工作。回顾过去的三个月，从刚上讲台的紧张到现在能从容应对各种问题，从刚开始课堂的混乱不堪到现在的井然有序，这些都表明，我们的工作水平有了很大的提高。当然在这过程中也存在着一些问题。首先，我们的教学态度需要加以矫正。其次，我们的语言组织能力仍然欠缺，从而影响了教学的效果。再次，很少注意学生的反应，没有用适当的方法来检测学生的学习效果，从而使整个课堂成为教师从头至尾的灌输。最后，课堂气氛方面我们也做得不够好。

　　这个月带队老师来学校听了我们每个人的课，提出了许多宝贵的意见，我们也组织了小组听课、评课，对每位组员在教学中的优缺点做出了客观评价、提出了改进意见。同时，学校教研组组织了公开课活动，受到老师和学生的好评，同时我们也听取了一些老师的意见。此外，我们以小组形式听了许多老师的公开课，经过对比、思考与总结，我们也发现了自己的不足与存在的问题。

　　在学校老师指导下，目前我们已经能够适应所教科目，把握了本学科教学的特点。学校也安排了一些对口的科目让我们去教，对于专业不对口的也指定了相应专业的指导老师。

在学校重视、指导教师负责以及学员自身的努力下，他们取得了很大成绩，得到了学校的认可和赞扬。在 11 月上旬沙雅县期中考试中，个别学员所带班级的成绩甚至超过了自己指导教师随带的班级，一些班级英语的及格人数达到 25 个左右。这些学员都被学校推荐为沙雅县优秀实习支教学员。当然由于个别学员不认真的工作态度致使自己所带的班成了全年级的倒数第二名。无论怎样，这些都使他们认识到自己的优点和缺点，促使他们在与他人的比较中寻找自己的差距。

　　（十）沙雅之行——研究的困惑与展开

1. 研究的困惑

随着工作的展开，我的研究也被提上了日程。起初，我打算在汉族教师和维吾尔族老师上课情况比较的基础上，发现不同民族老师上课的特点，或者汉族或维吾尔族学生在不同民族老师上课过程中的表现状况。但是在沙雅待了一段时间后，我才发现在这里做这样的研究是不可能的。

　　根据我的了解，在沙雅，维吾尔族老师仅仅给维吾尔族学生上课，而汉族老师大部分也只给汉族学生上课，他们所带班级的一些维吾尔族学生的课堂表现也已经与汉族学生没有多大的差异。即使在维吾尔族学校里的汉族老师,上课也完全说维语。在这样的情况下,要在课堂中衍生出一个有价值的学术问题进而展开研究确实很困难。在困惑之中,我将研究对象转向我带的学员。这样改变研究的目的与我原先的预设可能有很大的差距,也可能没有多大的学术价值和意义,但至少保证了自己研究的真实性和客观性,也表明课堂人种志事先不预设问题的一贯态度。因为在我看来,我所做的一切就是为了向他人展现课堂人种志具体如何做的问题,而不是非要在其中发现什么有学术价值的问题。

2. 研究的展开

(1)研究的背景

随着我国经济的迅速发展,新疆群众对汉语学习的需求日益增加,为了满足这一形势需要,新疆教育厅与西北师范大学签订协议,每年以实习支教的形式,分批派遣即将毕业的本科毕业生前往新疆进行为期一学期的汉语教学,目的在于通过汉语教学,提高民族地区的汉语水平,推进他们的双语教学,适应民族地区群众对汉语不断增长的需求,促进边疆地区社会、经济和文化的发展。

(2)研究的问题

本课题研究主要的目的是针对实习生在实习期间的教学情况,分析影响他们教学质量的各种因素,以求对他们教学水平和技能有所促进、发展。这一问题的提出是多种原因导致的结果。首先,我与学员们的频繁交谈以及与当地教师的交谈中获悉他们教学中存在着各种问题。其次,在期中考试后,学员的教学状况通过学生成绩体现出来,有的学员取得了不错的成绩,而有的学员则不太理想。再次,作为一名带队指导教师,在听课过程中也确实发现存在着上述的问题。这个问题的提出可以是访谈衍生的结果,也可以说是课堂参与观察的结果。

(3)研究对象的选择

在听课过程中,我对许多学员的上课情况做了详细的记录,在对他们上课情况资料的对比和分析的基础上,根据典型性和代表性原则,我选择了三个学员作为研究对象。其中有两个在一所学校,一个在另一个学校,希望通过同校之间以及与其他学校学员的对比,说明这一问题产生的原因。在确定主要研究对象后,我顺便也将他们所在学校的校长和指导教师纳入了研究的行列。

(4)研究的效度

为了提高研究的效度,我采取了一些措施。第一,尽可能对学员的授课过程给予全部记录,并对众多的听课记录进行对比和分析。第二,尽可能多的与被研究对象相处,关心他们的饮食、心理、交通、文化等。第三,我在研究中使用了三角验证法,可以增加访谈的真实性。第四,反馈法。在回到学校后,我会将自己的研究向他人进行了呈现,表现研究的真实度、可信度。

（5）表述的文体

在文本的表述中,主要使用教学叙事的表达方式:通过事件叙述,说明与被研究者是如何相处并取得他们的信任和尊重;通过课堂叙事表述课堂发生的过程和事件;通过访谈叙事表述被研究者真实内心活动和各种想法;通过反思叙事,说明课堂观察中的现象和访谈中话语的认识、理解、反思和解释,并寻求问题产生的共同原因所在。

（6）研究的方法

为了突出重点,不冲淡主题,研究对课堂的描述、分析和解释都是基于课堂人种志的三种方法,即参与观察法、深度访谈法（访谈提纲见附录）和深描法,而不涉及其他的方法,如问卷法等。为了提高自身的效度,课堂人种志并不排斥其他的方法,研究者应根据衍生问题的不同而采取方法,但无论采取任何方法,都必须以课堂人种志的三种基本方法为根基。具体而言,在研究中,笔者通过参与观察发现课堂中存在的问题,通过深度访谈揭示问题产生的深层原因,通过对课堂观察和访谈的浅描和深描,呈现整个研究发展的过程。由于研究的问题是在对所带实习生访谈和听课过程中衍生的,反映的是如何提高他们课堂教学质量的问题,所以,本研究并不是针对课堂某一事件、现象或行为而作为研究的重点,揭示它们产生的原因,而是针对整个课堂教学过程存在的诸多事件、现象和行为进行分析,关注的视角是整个课堂始末,师生围绕教学任务展开活动而表现出的各种行为,通过对它们的分析、点评,整体评定实习生教学质量高低的问题。通过深度访谈,就自己发现的问题寻根究底,探求他们内心的真实想法,并将这些过程以深描的形式加以呈现,使得他人对整个过程有所了解、认识,引发他们的思考,做出独立的判断。

（7）研究的过程

第一、二个案例是在对同一学校的两个不同学员而展开的,原因在于我在对他们的听课过程中发现,他们的教学情况差异比较大。针对此,我在对他们访谈的同时,也对他们指导教师以及其他个别教师进行了访谈。由于这两个学员在一个学校,为了便于说明,我将校长访谈放在了第二个案例之后。第三个案例则是另一个学校的听课过程,由于我们都对这个学员的教学情况很满意,这一点在实习过程中是很少见的,所以我也将他作为一个研究对象,分析影响他教学情况的各种因素。

案例 1:一堂小学数学课

①课堂观察

下面就是我在参与观察中对整个课堂师生行为的记录情况。

老师:"大家不要说话,请把小木棒拿出来,把数字课本拿出来。(学生在抽屉、书包里忙着翻找小木棒,一些学生则将桌子已经放好的小木棒拿起来)拿出来没有,谁拿出来的早,老师就奖励谁一个小红花。(老师手里拿着一个小红花摇晃着,一边用目光扫视着全班学生。一会学生都把小木棒拿了出来)好!这个同学拿出来的最早,我就奖给他一个小红花,等会谁听老师的话,老师就奖给他一朵小红花。(老师开始讲课)前面已经学了 10 位数,现在大家从 1 数到 10。(学生从 1 数到 10)同学们今天表现很好,请大家把书翻到 20 页,这是哪个地方的图,是马路。(老师将书面对学生,指着上面的图问)看看这上面的白杆杆,是什么?"

学生:"斑马线。"

老师:"对!那么小朋友知道什么时候过马路吗?"

学生:"红灯亮的时候不能过,绿灯亮了才能过。"

老师:"好,同学们,看这上面的图:一个老师在带领一群小朋友过马路。同学们数一下,看有几个小朋友在过马路。"

学生:"9 个。"

老师:"除了这几个小朋友,是不是还有其他人。其他人在干什么?"

学生:"骑自行车。"

老师:"好,数一数,骑自行车的有几个,仔细数一下。"

学生:"有 10 个。"

老师:"好,大家数一下,图上一共有多少人?(学生在教室里大声喊,有的说是 18,有的说是 19。老师没有制止学生说话)好,艾尼瓦尔来说一下。(一个举手的男同学站起来,大声说是 19)跟艾尼瓦尔同学数的答案一样的同学请举手。(大多数学生举起来手)好!大家都同意图上有 19 个人,老师也发现图上也只有 19 个人。我就奖给他一朵小红花。没有数对的学生以后可要细心了。然后我们继续看这个图。图上除了骑自行车的人、走的人,还有什么?"

学生:"还有汽车。"

老师："汽车有几个？"

学生："6个。"

老师："除了这些，还有什么？"

学生："树。"

老师："大家仔细数一下，看图上有几棵树？好！阿孜古丽，你来回答一下。"

阿孜古丽："14。"

老师："同意她的请举手。（许多学生举起了手）好，老师奖励她一个小黄花（这时一个学生从座位上突然站了起来，老师瞪了他一眼）坐下！要回答问题请举手。（看学生坐了下去，老师面向其他学生）这个图上面有几个小汽车？艾斯卡尔。"

艾斯卡尔："有9个。"

老师："不是'个'，是'辆'，因为说的不对，老师就不给你奖励了。好，现在大家坐好，看老师手里拿了几个小棒。（老师展示小棒，从左手转到右手。学生不断跟着老师手里小木棒数量的变化而大声报着数字）好！现在老师把10个捆成一捆，有多少个？"

学生："10。"

老师："这一捆是10个，那么，10里面有几个1。"

学生："10个。"

老师："好，10里面有10个1，同学们把自己手里的小棒数一数，看谁表现得好，看谁数的对！（学生自己数桌子自己早已准备好的小木棒，老师在教室里面转着看，不断地问学生，看学生手里拿的小棒是否和嘴上说的一样，2分钟后老师走回了讲台）现在看老师手里的小棒，10里面有几个1。"

学生："10个1。"

（老师转身用粉笔在黑板上划出一个粗的斜线来表示木棒捆，表示10，然用粉笔划出一个细线，表示1）

老师："这是11。15里面有几个10？"

学生："有1个。"

老师："有几个1？"

学生："5个。"

老师："好，大家不要乱动，谁坐的好，老师就奖励他一个小黄花。好，布合力齐坐的最好,老师奖励他一个小黄花。现在老师手里拿出两个小木棒捆(白色、黄色)后面的同学能看清楚吗?"

学生:"不行!"

(老师在黑板上用粉笔划出粗线表示)

老师:"这两捆表示几个 10?"

学生:"2 个 10。"

老师:"如果是 2 个 10,我们可以在 2 后面加一个 0 表示两个数,就是20,现在大家摆好 14,要摆好多少个 10,再加几个 1 啊?"

学生:"一个 10,4 个 1。"

老师:"好! 大家现在自己在桌子上面摆一个 13,老师看你们摆的对不对。"

(老师在教室里巡查,查看学生摆的情况,不断纠正、表扬,给一些摆对的学生发小红花或小黄花。过了一会,老师返回讲台)

老师:"大家都摆好了没有?"

学生:"摆好了!"

老师:"大家说一下,13 里面有几个 10。(这时两个学生因为木棍而小声争吵)你们俩在干什么?"

(老师跑过去,在两个学生头上轻轻打了一下,两个学生不吭声了,然后老师返回讲台)

老师:"现在,同学们把直尺拿出来,看谁拿的最快,好,你拿的最快,奖励你一个小黄花。大家看一下,最开始是几?"

学生:"0。"

老师:"0 下来是几?"

学生:"1。"

(学生和老师一起从 1 开始数,数到 14 时,一些学生停了下来。老师注意到了这一点)

老师:"看着直尺读,你们尺子最大是多少,看着自己的直尺回答。(学生有的说是 10 厘米,有的说 18 厘米……老师显得有点不耐烦)18 吗? 直尺如果没有弄断的话,应该是 20。艾买尔,你拿的是三角板,不是直尺。"

老师:"大家看着直尺,14 和 16 之间是几?"

学生:"15。"

老师:"13 和 15 之间是几?"

学生:"14。"

老师:"为什么 15 大? 帕提姑丽。"

帕提姑丽:"是因为 15 太多了。"

老师:"是因为 15 太多了吗? 你坐下。亚孜,你来回答一下。"

亚孜:"是因为 13 太少了。"

老师:"对不对啊? 热依木,你来回答一下。"

热依木:"是因为 15 比 13 多了两根。"

老师:"对不对!"

学生:"对!"

老师:"好,老师奖励你一个小黄花。"

老师:"大家现在把书翻到 85 页,大家认识这几个数字吗? 跟老师读一下这几个数字:1、2、3……20。(学生跟着老师读这些数字)给老师说,从 7 数到 13,怎么数?"

学生:"7、8、9……13。"

老师:"从 8 数到 20,怎么数?"

学生:"8、9、10……20。"

老师:"好,看一下这一道题,从 1 数到 12。"

学生:"1、2、3……14。"

(尽管老师要求学生数到 12,一些学生还是数到了 14,老师显的不高兴)

老师:"你们长耳朵了没有?"

学生:"长了。"

老师:"长了,为什么有的学生从 1 数到 14,老师才读到 12。坐好! 一、二、三,看谁坐得端!"

②提出问题

在这一节课里,这个学员暴露出以下几个问题:

其一,既然学生看不清自己手里拿的小木帮捆,老师已用粉笔在黑板上划出粗线进行演示,就应该再询问一下学生是否看清。然而在这节课中,老师并没有这样做。

其二,当发现学生因为小木捆发生争吵而影响课堂教学进行时,老师不是问明他们争吵的具体原因,而是用老师的权力强制他们"安静"。

其三,老师在让学生拿出直尺数数的时候显然犯了一个不应该犯的常识性错误。直尺长度不一定全部是 20 厘米,也有可能是其他长度。当老师试图以直尺为教学工具直观进行教学时,为什么不事先检查或询问一下,以便在对学生拿的直尺刻度有所了解的基础上展开教学呢。

其四,"大"还是"多"都是表示数量关系的字,对于小学生来说无法搞清"大"和"多"的区别,但为什么老师非要学生回答出自己心目中所认准的"大"才停下来呢。

其五,当老师说让学生数到 12,依旧有些小朋友还是数到了 14 的时候,老师为什么不是用较为温和的语言来引导学生,而是用"你们长耳朵了没有"这样比较"刺耳"的指令呢。

尽管存在这些问题,我还是认为学员不错地完成了教学任务,主要原因在于:学员能够根据教学任务事先做出精心安排,不仅让学生准备了数数要用的各种辅助工具,如直尺、小木棒等,学员自己也准备了小木棒;在教学的过程中,学员能够结合书本所给插图展开数数教学,并用小黄花或小红花奖励的方式调动学生学习的积极性;在提问中,能够将集体提问与个体提问有机结合;在教学过程中,能够对教学知识点进行反复巩固,符合学生认知的一般规律;课堂气氛也比较活跃。

③深度访谈

在肯定学员取得的成绩后,针对上述问题,我对学员进行了简短的深度访谈,了解了产生问题的主要原因。

研究者:"现在咱们一起看看你今天上课的情况。你认为你的课上的怎么样?"

学员:"我感觉与往常相比已经很不错了,至少在课堂秩序上比以前强的多。至于课上的怎么样,你是指导老师,你给我们指出问题,我们以后改正。"

研究者:"我感觉很不错,毕竟你们才刚刚当老师,以后要经常向其他老教师、指导教师多请教。谁也不是天生就会当老师的,大家都是慢慢提高的。"

学员:"所以希望你能给我们多提一些意见,意见越多越好。"

研究者:"刚才我在课堂发现一些问题想问问你。第一个问题就是在你将那小木捆给学生展示时,学生看不见,你在黑板上用粉笔表示时,怎么没有再问一下,看学生是不是能看清楚。你当时是怎么想的?"

学员:"当时想,学生既然看不清我手里的小木捆,那在黑板上用彩色粉笔划一条线代替小木捆，学生就可能看清楚了。后来我怕学生看不清，还特意加粗了一点。"

研究者："这个我注意到了，但我在下课后问坐在后面的一些学生时，他们说还是没有看清，以后在发出任何指令前，一定要问学生，是不是听懂了、看清楚了，不然的话，教学也就没有了效果。第二个问题是在你讲课的过程中，两个学生为了小木捆互相吵了起来，你怎么在他们头上打了一下，却并没有解决他们的冲突？"

学员："当时，我害怕处理他们耽搁时间，教学任务完成不了。指导老师、校长和你都在听课，我很紧张。"

研究者："你的心情我能理解，但应该在问清原因的情况下，解决他们之间存在的冲突，而不是在弄清原因前，用敲他们头的方式让他们保持安静。不然他们的注意力就不会集中在课堂上。课堂突发事件很多，应该学会怎样处理这些问题，不能总是靠老师的权力来维持课程秩序。第三个问题就是你让学生把直尺拿出来的时候，有的学生说是 10 厘米，有的说是 15 厘米，还有的说是 18 厘米，但你却认为直尺最多的是 20 厘米。这个好像是常识性问题，我记得我们小的时候用的直尺最大刻度才是 18 厘米，也有 12 厘米的，不过现在最大有 20 厘米的，是不是你们平常用的是 20 厘米的直尺。"

学员："我们上学的时候大部分用的都是 20 厘米的，所以当时想他们的直尺可能也是 20 厘米，也没有想到直尺刻度有这么多种。"

研究者："所以以后要多留心观察，老师不仅要有知识，更有生活经验，这样在课堂才不会犯常识性错误。第四个问题，你在叫学生回答 13 大，还是 15 大的时候，一个学生说 15 比 13 多，一个说 13 比 15 少，我感觉，这样的回答完全达到了比较的目的，为什么你非要学生说出这个'大'字？"

学员："我想，数学数数课，就是要比较大小，学生才能记的准，'多少'好像与这个没有多大的关系。"

研究者："上课要尽量用学生能理解的话语教学，善于理解学生，不能拿自己的思维去要求学生。最后我想知道的是，当上课快要结束时，你让学生从 1 数到 12，有些学生数到了 14，你说了一句'你们长耳朵了没有'这句话，是不是？"

学员："（不好意思，低下了头）是说了。"

研究者："以后上课一定要记住，千万不要用这些话语，这都是教学所不允许的。"

学员:"好的,谢谢老师给我提的意见。"

当问及指导教师是否检查她的教案或者听过她的课时,学员笑着说:"实习就是靠自己。"对校长是否制定相关的实习制度、对指导教师的工作进行了检查以及听过她的课的问题,学员也都给予否定的答案。随后,我抽时间与她的指导教师李老师进行了访谈。李老师很坦诚,她告诉我,尽管她是指导教师,但确实没有时间去听学员的课,也没有时间让学员来听她的课。当我询问校长是否制定实习制度,并听过学员的课时,她也给出了否定回答。

④反思

尽管由于种种原因,这个学员的指导教师无法给予足够的指导,但她依然在实习中取得了一定成绩,努力想通过自己教学把学生教好。我认为,这与她对教学、学生和实习的认识以及自身努力的分不开的。如果她认为教学本身就很简单,教的"好"与"不好"并没有多大区别,她就不可能在实习中通过多方面的途径去提高自己的教学水平。

案例 2:一堂小学语文课

①课堂观察

老师:"同学们,如果奥斯曼昨天没有来上汉语课,我们应该怎么做?"

学生:"(学生大声回答)'帮助他''教他'……"

老师:"好,这就是我们今天要上的新课——帮助同学。(老师在黑板中间写出这节课的标题)现在同学们把本子拿出来,跟我学生字。"

(学生在抽屉里面寻找练习本,老师在黑板上写出"发生"两个汉字,并注音 fā shēng)

老师:"'发生'是什么意思?(教师问了两遍,教室里面一片沉寂。教师好像感觉到了自己提的问题不太合适,又问了另一个问题)哪位同学能用'发生'这个词语造一个句子?(学生仍然默不出声)班级里发生什么事情;家里发生什么事情,这些都是用'发生'造的句子。哪个同学现在可以用这个词语造一个句子。"

"发生了什么事吗?"一个穿红毛衣的男孩子站了起来。(教师重复了一遍,然后在黑板上写下了第二个生字:腿,注音 tuǐ,让学生用这个字造句)

学生:"我们都有腿""他们都有腿""我们的同学都有腿""他摔了一跤,

伤了腿""他的腿伤了、拐了。"

(学生看样子对"腿"这个字很熟悉,争先恐后地站起来造句。老师显然对学生的表现很满意,在黑板上写下了第三个生字:伤,注音 shāng)

老师:"什么意思? 怎么造句子?"

(学生纷纷举手回答,但老师只叫了一个学生回答,对于其他学生,老师并没有理睬,在黑板上写下了第四个生词:可能,注音 kě néng)

老师:"'能'字这样写:一笔、二笔……还有哪个同学用这个词语造一个句子?"

学生:"天上有许多黑色的云,可能要下雨了""天上下雨了,体育可能不上了""汉语可能不上了。"

(老师在黑板上写下了第五个生词:班会,并注音 bān huì)

老师:"'班会',跟我读'班会'。(学生一起跟着老师读)哪个同学能用这个词语造个句子?"

学生:"今天我们开班会""买买提老师给我们开班会,读了一些学校里面的事情。"

(老师在黑板上写下第六个生词:想法,注音 xiǎng fǎ)

老师:"'想法',跟着我读'想法'……(老师念一遍,学生跟着读一遍)注意看黑板,'想法'的'想'是上下结构,上边的左面是一个'木'头的'木',右面是一个'目',表示眼睛的意思,下面是一个'心';'想法'的'法'字左面是一个三点水,右面是'来去'的'去'。记住了没有?"

学生:"记住了。"

老师:"好! 买买提同学来造个句子。"

"你有什么好想法?""你有没有想法?""我的想法很好。"

(被叫到的学生纷纷站起来造句,然后老师在黑板写下第七个生词:记住,注音 jì zhù)

老师:"这一个生词是什么意思? (老师似乎意识到自己说错了,转换了提问的方式)哪个同学能用这个词语造一个句子。"

学生:"我记住了老师的话""我记住了爸爸的话。"

(老师没有再说话,在黑板上写下第八个生词:"笔记",注音 bǐ jì)

老师:"第八个生词,先看我怎么写,你们再怎么写。(老师在黑板上一笔一画地写'笔记'这两个字)看清楚了没有?"

学生:"清楚了!"

老师:"那谁能用这个词语造一个句子?(学生好像对这个词语并不熟悉,教师大声举了一些例子)我有笔记,他丢了笔记……你们把老师举的例子抄写在本子上就是'笔记',明白了没有?"

学生:"明白了!"

(老师在黑板上写下了第九个生词:数学,注音:shù xué)

老师:"'数学',听着我怎么读。(老师读了几遍,学生跟着读了几遍)现在哪个同学可以用'数学'造一个句子。"

学生:"热那古丽丢了数学书""买买提老师是我们的数学老师。"

②提出问题

我将这一节课划为不合格课,主要原因在于:

首先,在识字过程中,老师教学的方式比较单一,缺少变化。老师没有根据汉字的特点,采取偏旁部首方式如"换偏旁、减偏旁"来加强学生的记忆,或适当的分析汉字的造字规律,特别是形声规律,帮助学生形成独立的识字能力,激发他们对汉字的兴趣。也没有让学生通过查字典的方式让他们了解生词的意思,培养他们主动识字。当生字写在黑板上后,老师也仅仅是采用造句的方式来帮助学生识记生字,而很少采用组词的方法。同时,识记生字离不开多读、齐读。诵读不仅可以启发学生的联想和想象,也可以使他们在脑海中随之浮现画面,把文字符号与实物建立起对应的关系。同时,老师可以通过学生诵读中声调、声音的变化判定他们是否掌握汉字或词组,进而采用相应的补救办法,这节课显然也缺乏这一环节。

其次,老师没有遵循学生的认知规律。识字不能脱离具体的语言环境而孤立进行。老师应该借助课文,在语句中识字,初步掌握字音,然后可以让学生读由生字组成的词语,加深学生对生字的印象。然而这一节课,老师既没有结合相关课文展开识字活动,也没有相关的图片或字卡等直观的教学辅助工具,而是直接将汉字写在黑板上,在学生尚不理解的情况下就让学生造句,甚至询问所给字或词组的意思。

再次,尽管学员在教学之前说明是一节"生字课",但从后面的教学来看,他写在黑板上的几乎是"生词"而不是"生字",这让人难以分辨他到底上的是"生字课"还是"生词课"。

出现这么多严重的问题,到底是学员自己马虎、不认真,还是不会进行识字教学,与指导教师以及学校有什么关系,这些都是我关注的问题。

③深度访谈

在随后访谈中,我与学员就听课的情况作了探讨。为了减轻学员的压力,我并没有告诉学员我对这堂课的真实感受。

学员告诉我,他不是中文专业,也不懂怎么教汉语识字课,尽管有指导老师,但他现在去乌鲁木齐培训了,所以没有人指导。他曾经给校长反映了这一问题,让另派一名指导老师,但校长说用不上,让他多听一些其他老师的课。为了把课上好,他自己也曾经听了一些课,但感觉很简单。他也告诉我,学校只是让他们好好代课,遵守学校的规章制度。学校没有组织过他们听课,校长也没有听过他们的课。

学员的指导教师是否去了乌鲁木齐,他是否给校长提出了另派指导教师的请求,他是否听了一些当地老师的课,实习制度是否建立,校长或其他老师听过他们的公开课,仅凭他的话语,是难以令人信服的。带着这些疑问,我对学员同一个办公室、带同年级语文课的陶老师进行了访谈。她告诉我,这个学员的指导教师确实去了乌鲁木齐培训,他们年级组的一些老师也让学员去找校长,让重新指定一名指导教师。她让学员有时间来听自己的课,但听了几次就不来了。对于学校是否建立相关的实习制度、校长是否组织听过或组织其他教师听过学员的课的问题,陶老师给予了否定回答。对于她一般是如何上识字的问题,陶老师说,有时用图片或者自己做一些卡片,但大多数情况不这样做,基本是结合所学的课文上识字课,让学生结合课文去理解生字,顺便讲讲汉字造字的特点,或者将几个偏旁相同的字放在一起,让他们发现规律,再让学生造句、组词。

随后我对学员所在学校的武校长进行了访谈。尽管通过学员和他的指导教师的谈话,我了解到,学校的并没有制定相关的实习管理制度,也没有听过学员的课,但我还是想通过访谈了解校长自己的想法。同时,我也想知道,他们对指导教师的安排是从哪个角度考虑的,他们对学员上课的具体情况有什么看法。

武校长证实了学员所说的话:学员的指导教师去乌鲁木齐培训去了,也曾经向他提出另派一名指导教师的请求,但他认为,指导教师去乌鲁木齐仅仅一个月,也没有另派其他人的必要。他告诉我,他们学校的老师都是层层选拔上来的,每个老师在调到他们学校时,他都要亲自去听课,如果讲课不行的话,他坚决不要,所以他们的老师在当地还是比较好的,有些科目的成绩甚至比当地的重点小学要高得多。关于指导老师的安排情况,他说道,当初学员刚来时,考虑到实习对学员们的重要性,他们专门为此开了一次会,所选的指导教师都是有十年以上工作经验的老教师,在学校里面也承担着教导主任、政教主任、年级组长等职务,甚至连他们的副校长也在指导学员。但他承认学校缺少老师,况且老师的文凭都不高,能力也不强。但他说会尽学校的最大努力安排人去听每个学生的课。

最后我问他是否能够为学员建立相关的实习制度,如果他太忙的话,可以让其他相关人员组织起来对学员上课情况给予评定,从而促进学员教学水平提高的问题时,他保证对学员负责,一定让学员的教学水平有很大的提高。

为了证实学员所说的话,我对在这个学校实习的其他学员分别单独进行了深度访谈。他们告诉我,在与当地教师熟悉了之后,一些老师也告诉他们,由于民族风俗、宗教观念、家庭观念和国家提供的优惠政策影响,许多学生就不爱读书,而且这里的尊师重教的风气也不好,许多人宁肯去做生意、种地,也不愿当老师,尽管教育局每年去内地招聘教师,但来的老师干不了多长时间就走了。

④反思

通过对相关人员的深度访谈,我发现这个学员出现问题的原因主要有这几个方面。首先,由于实习支教学员的特殊身份,民族地区的艰苦条件,教师地位比较低,工资差,许多教师不愿意来这里,从而导致师资的极度缺乏,老师们上课应接不暇,这往往导致课堂上表现不佳。其次,学员自身缺乏主动积极性,对教学认识模糊。他们听课不多,又很少向其他老师请教,只是根据上学时留下的模糊印象进行教学。再次,指导教师的离去、相关实习制度的缺失以及管理者自身认识上的不足在一定程度上造成了学员对教学的不知。最后,社会风俗、观念以及教师待遇低下等因素对当地教师影响很大,使得他们教学积极性不高,从而也影响到了我们学员对实习教学工作的热情以及他们对自身教学水平的提高。

案例 3:一堂初中地理课

①课堂观察

老师:"请大家把书翻到 58 页。(学生在按照要求翻书的同时,老师在黑板的右侧写下'多云转晴,秋高气爽,四季如春'等词语)根据我们所学的知识,看一下黑板,哪些属于气候和天气?"

学生:"上面两个是天气,下面一个是气候。"

老师:"那么,我们回忆一下,天气有什么特点?"

学生:"短时多变。"

老师:"现在大家把书翻到 57 页。天气呢?就是一个地方一天的天气变化状况。而气候呢?只限于一个地方多年的变化状况,如昆明一年四季如春。

现在看我们课本上的图,上面有三个图,高温多雨属于赤道气候。A 是热带雨林气候,全年高温多雨,然后看 B 这个图,这个金字塔。金字塔在哪个国家?"

学生:"(学生齐声回答)埃及。"

老师:"这个地方属于什么气候? 热带沙漠气候,全年高温,但降雨却很少。看上面的人穿的是什么衣服?"

学生:"(学生齐声回答)白色。"

老师:"对。白色不容易吸热,所以我们经常在夏季穿白色的衣服,是不是?"

学生:"(学生齐声回答)是。"

老师:"C 这个图属于热带季风气候,那么是不是世界上只有这三种气候类型呢?"

学生:"(学生齐声回答)不是。"

老师:"那我们把书翻到 48 页,数一数看世界上有多少种气候类型?"

学生:"(没有等老师询问,几个已经数完的学生大声喊道,其他的学生也跟着喊了起来)11 种。"

老师:"好! 世界上有 11 种气候类型。谁能把这 11 种气候类型给大家念一遍?"

学生:"(叫起来的学生一个接一个的大声回答道)热带雨林气候,热带沙漠气候……"

老师:"现在看看这 11 种气候在世界上是怎样分布的,然后再做第三题,看亚欧大陆气候是怎样分布的? 在做这道题之前,我们先一起看看这些气候类型大致在世界上是怎么分布的。热带地区主要分布在赤道附近;在北回归线与北极圈、南回归线与南极圈之间分布的是温带,北极圈到北极点,南极圈到南极点分布的是寒带。这就是世界上气候的大概分布。然后大家做这道题,一会我叫同学回答。"

(老师一边环绕教室走动,检查学生完成练习的情况,一边回答学生的提问。几分钟后老师返回讲台)

"仔细看,亚热带季风气候,亚热带季风性湿润气候均分布在北纬 35°。热带有几个气候类型? 热带雨林气候、热带草原气候、热带季风气候和热带沙漠气候。"

学生:"(一个学生站起来忽然大声说到)高原山地气候。"

老师:"好!有同学提出高原山地气候,等一会我们会涉及这一气候类型。现在大家看一下,温带有几种气候类型?"

学生:"(一个学生站起来,依次说出四种温带气候类型)4 种(一个学生站起来补充)还有一种气候类型,温带季风性湿润气候。"

老师:"亚热带季风气候和湿润性气候属于温带,位于北回归线以北与南回归线以南,所以它属于温带气候。那么,南极圈以南和北极圈以北属于寒带气候类型。这就是我们学到的 10 种气候类型。刚才有位同学提到了高原山地……"

学生:"(一个学生抢着回答)高原山地气候。"

老师:"对!高原山地气候,如我们国家的青藏高原,它就是一个特例,从温带到寒带都有分布。看完了气候类型,我们看一下在亚欧大陆有多少个气候类型?首先,先看一看亚欧大陆东岸在哪里?(学生指着手中的地图册向老师展示)它属于东亚地区,最大的国家是哪一个?"

学生:"(学生齐声回答)中国。"

老师:"那么我们以中国为例,分析一下地区的气候类型。看一下地图,都有什么气候类型。"

学生:"亚热带季风气候,季风性湿润气候,温带季风气候。"

老师:"那么在中部,是什么气候?"

学生:"温带大陆气候。"

老师:"好!看西岸,关键在于西岸。"

学生:"地中海气候。"

老师:"好!谁能把地中海气候的特点说一下?"

学生:"(一个举起手的学生结结巴巴地说道)两岸下沉……"

老师:"(老师打断了他的发言)你说的是它的形成,说一下它的气候特点。"

学生:"(一个学生回答,老师在肯定他的回答后,将这句话写在黑板上)夏季炎热干旱,冬季温和多雨。(一个学生不等老师允许,自己站起来说)老师,两岸还有热带沙漠气候。"

老师:"对!你说的也很正确,思维也很严密,但我们这里主要讲的是亚欧大陆气候,所以对那一点就可以忽略了。地中海气候主要分布在地中海地区,它主要环绕地中海,受地中海的影响,所以被命名为地中海气候。大家现在找到了没有？"

学生："（学生齐声回答）找到了！"

老师："好！大家现在把地图册拿出来，翻到 26 页，如果没有带地图册，两个人可以看一本。"

（老师站在学生中间，发现一些学生没有带地图册，但有的桌子上显然一本地图册都没有，老师似乎没有发现，继续讲课）

老师："看这张图，是我们上节课学的降水柱状图，上面红色的曲线代表什么？"

学生："气温曲线图。"

老师："所以这幅柱状图主要告诉我们气温的变化与降水的变化，根据这幅图我们就可以大概判定降水所在地区气候的类型。首先，看一下左面这幅图，全年气温高，降水呢？"

学生："多。"

老师："所以，从这幅图我们可以判断这是热带雨林，因为它的特点就是全年高温多雨，在旁边写上。"

（老师一边说着，一边查看学生是否按照他说的去做）

老师："写完了就看地中海气候。谁能再把这个气候的特点重复一遍？"

学生："冬季温和多雨，夏季炎热，比较干燥。"

老师："很好，这就是地中海气候的特点。冬季温和多雨，夏季炎热干燥。自己写上。（老师似乎没有意识到地中海的气候特点他已经写在黑板上）这个气候与我们学过其他的一些气候类型刚好相反，冬季比较温和多雨，夏季炎热干燥。其他的下面自己完成，我们下节课再讲。"

（老师似乎感觉到下课的时间快要到了，开始对这节课进行总结）

②提出问题

从这一案例展开的情况来看也存在一些问题，主要表现为以下几个方面：

其一，在前面举例说明天气和气候的区别时，老师应该结合本地方的气候特点做出解释，深化学生对这两个概念的认识，而不应局限于课本已有的知识。

其二，当老师提出"谁能把地中海气候的特点说一下"这一问题后，一名举手的学生结结巴巴给出"两岸下沉"的错误答案，老师应该给予更多的耐心，询问一下学生是否听清了问题，或者让其他学生判断他的回答是否正确，而不是草率地打断学生的回答。老师应该给予谅解，并对他能够有勇气举手回答问题给予鼓励。

其三，当老师要求学生拿出地图时，应该在教室巡视一下，至少要保证每个桌子上有一本地图册。当发现没有带地图册的学生很多时，老师应该临时调整教学内容，让学生下一节课带上地图册，再继续讲课。

其四，在课程结束的后面，当老师提出"谁能再把（地中海）这个气候的特点重复一遍"的问题时，似乎没有注意到自己已经将这一气候的特点写在了黑板，从而造成了无效的提问。所以，老师在讲课过程中，一方面要注意学生在课堂的表现，另一方面也要不断对自己的每一步教学环节进行反思。

尽管存在上述一些问题，但与其他学员相比，这基本上算是一节比较成功的课，主要表现在：教师引导与学生主动发言相结合，集体回答和个体回答相结合，讲练相结合，知识点突出、系统，注重差异性，语速适中，课堂气氛活跃等等。尤为重要的是，在上课过程中，尽管有两个学生在未经老师允许的情况下积极回答问题，但老师显然没有生气，这种做法有利于提高学生回答问题的积极性，促进他们形成思维的习惯。同时都在实习，为什么他的课就上得较为成功，而一些学员的上课情况却不理想呢？

③深度访谈

随后，我对学员进行了访谈。学员告诉我，在刚上课的时候，他什么也不懂，也不会上课，但是他经常主动去听指导老师的课，也听其他不同科目老师的课，看别人怎样上课。有时虽然专业不对口，但也学到了不少的东西；指导老师也很负责，看见他没有课时，就叫他去听课；有时，他们学员之间也彼此听课，互相指出存在的问题，大家都争取一起努力把课上好，现在他听了有20多节课。如果指导老师不太忙时，也经常去听他的课，有时他也主动邀请指导老师去听课，听取指导老师所给的建议。

接着我对学员的指导老师范老师进行了访谈，想了解他是如何具体指导学员的。他说："尽管学生是实习支教的，也在这里给学生代课，但我们一直把他们当成学生看待，在教学工作上尽量帮助他们，为他们提供便利，为他们将来走上教师岗位积累一点经验。后来我一有课，发现他也没事干的时候，就叫他去听课，让他知道上课的一般环节，也知道一些上课应该注意的东西。有时我也抽空去听听他上的课，看他们这一段时间是不是在原有基础上有所进步，也提一些意见。当然这个学生也很积极主动，有时也叫我去听课。"

随后我对学校的康校长进行了访谈，想了解她当初对学员的实习支教工作是怎么安排的，她在学员实习过程中是怎么做的，是不是也一一听了他们的课程，提出了一些建议和帮助。

康校长介绍说,为了既保障她们学校的教学质量,又能保证学员实习工作得以顺利完成,学校派来指导学员的都是具有一定经验、教学比较突出的老教师。同时,学校也给指导教师和实习学员制定了相应的纪律和要求。每周她也抽时间去学员的办公室进行检查,或者向指导教师询问学员的实习情况,经常组织人员对学员的课进行观摩、评讲。

④反思

与第一、二个案例相比,这位学员讲课之所以取得了很大进步,除了他自己主动积极的因素外,更重要的是来自外部因素的影响,即指导老师的细心引导、帮助,校长对实习工作的重视、实习制度的建立、对指导教师工作的监督以及自身的听课活动都在很大程度上为学员教学水平的提高提供了保证。

(8)研究的结论

我在结合三个案例的分析基础上,我认为,要提高实习生在实习工作中的教学水平,应该从实习生、实习学校的校长、指导教师和带队指导教师四个方面给予考虑。

①实习生

实习生是实习工作的主要参与者和获益者,要使自己在实习中提高自己的教学水平,应该做到以下几点。其一,要对实习有正确的态度和认识,在实习中一定要严肃、认真、负责,要看到自己的实习教学可能对学生产生的重大影响,而不能因为学生起点低、底子薄、学习差,就可以随便应付差事。其二,要对教学有正确的认识,教学是一个预设和生成过程,是师生在教学过程中创造知识的过程,是教师不断创新的过程,是教师运用教学方法和手段的过程,这一切都说明教师要在教学中通过不断学习来发展和充实自己,而不是简单地将教学看作是不断重复的工作,将教师工作看作是枯燥、乏味的活动。其三,实习生要在实习中谦虚谨慎、积极主动,通过多种渠道提高自己的教学水平和技能,汲取他人的优秀经验。其四,实习生要结合自己的教学进行反思,从教学中吸取经验并加以总结,初步形成具有自己风格的个性化教学。

②实习学校的校长

实习学校的校长在促进实习生教学水平的提高过程中扮演着重要的角色,具体而言,校长应该履行这几方面的职责。其一,对实习工作重视、负责,并加强监督。其二,应根据学校的情况,选择教学经验丰富、认真负责且充满耐心的教师作为实习生的指导教师。其三,建立相应的实习制度,并根据实习生教学实际中暴露出的问题加以完善。其四,加强对实习工作的检查、监督,尤其要加强对指导教师实习工作的检查力度。其五,尽可能抽取时间参与到实习生的听课、说课和评课活动,对实习生的教学情况有所了解,做到心中有数,并给予指导。

③指导教师

指导教师在实习工作扮演着极其重要的角色,他对实习生教学水平的提高起直接作用。作为一名指导教师,他所履行的职责主要有四个方面的内容。其一,要充满热情、有耐心,真实体现一个当代教师的风貌和特点。其二,要有责任感,并采取一定的措施帮助实习生提高教学水平。其三,要向实习生讲明、展示教学的一般环节,使他们知道教学的一般流程,同时,也要积极主动地邀请实习生去听自己的课,在具体的课堂教学中引导他们如何展开教学、如何实现与学生的互动、如何根据教学任务使用教学方法和工具等等。其四,要经常通过听课、查看教案、作业批改、学生辅导等情况对实习生的教学情况做出检查、评定,并提出修改意见。

④带队指导教师

带队指导教师在实习工作中的作用也不容忽视,他承担的职责主要包括这几方面的内容。首先,要对实习生教学工作以及指导教师的安排、实习制度的建立以及运行状况给予检查、监督。其次,要从全局出发,注重全体实习生整体教学水平的提高。再次,应经常进入实习生的课堂中,从教学中发现共同性和个性化的问题,并分析问题产生的原因所在,提出改正意见。最后,要经常与校长、指导教师和学员相互交流,了解学员的教学情况,从中发现问题,并通过恰当的方式予以解决。

(十一)沙雅之行——研究的总结与反思

作为一个"涉猎者",我对人种志充满了热诚,也寄予了期望,希望课堂研究者能从文化的视角去研究课堂,看待课堂中一人、一物、一事,平等而真挚地进行交流、沟通,而不以"我文化"的标准去整齐、衡量、评价"他文化"。只有在这种对话和体验中,我们才能感触到"我文化"在"他文化"中的地位与意义,以及"他文化"在"我文化"的价值和功效。然而,我们一方面承认教学是继承、传递、创新文化的一个过程,另一方面,又在用非文化的理念、途径或手段去看待不同课堂文化的差异性,试图创造一个所谓"标准"和"普世"的文化模式以适用于每个课堂。实际上我们已经僭越了我们所提倡的尊重个体差异的基本理念。显然,个体的差异性是和课堂的差异性密切相关的,整齐划一的课堂只能培育出"规格齐整的产品",这种大规模化、类似动物繁衍般的其至近似于拔苗助长式的所谓效益型的培育模式，其结果是可想而知的。基于此，人种志的文化视野突破了我们已有的观念，让我们不再把自己与研究对象等同于人与物的关系，而是以同类属的视角去衡量彼此之间的关系，彻底更改了以权力、地位、等级等世俗概念影响下而自然形成的研究行为。

这种以"文化"为视角，通过理解去平等看待课堂人与物的人种志研究方式既涉及理论，又涉及具体的方法，更重要的是实践。一个人再怎样想象游泳，如果不到水里面去，他就永远学不会游泳的，所以本文试图通过阐述课堂人种志这一基本理论与方法，以使课堂研究者在明晰这一方法基本规范的基础上，再通过相关案例的解释，以便课堂研究者对案例中所涉及的基本内容有所认识和把握，最后通过自身的亲身实践为课堂研究者提供一种思路以供模仿和实践指引。

由于文化的理解需要信任，而信任是课堂人种志最基本的品质，也是保证其科学性、客观性的前提和基础。信任的实现既需要机遇，也需要时间，而如何获得当地人的信任必然涉及许多繁冗琐屑的事件。马林诺夫斯基在巴厘岛获得当地人的信任完全出于一次绝好的机会。当警察对巴厘岛的斗鸡活动偷袭时，马林诺夫斯基和妻子跟随一名斗鸡者跌跌撞撞地跑进他的家，并避免了斗鸡者被抓的命运。"第二天，当村里的每一个人都知道我们也像他人一样逃跑，并一遍又一遍地问我们事情的经过，甚至那个婆罗门僧侣也把我们招进他院子询问发生的事情，并且为那些非常特别的情节愉快地轻声笑着。在巴厘岛，被取笑意味着被接受。那是我们与该社区关系的一个转折点，我们确实已经'身在其中'了。"马林诺夫斯基的这种机会并不是每个人都可以碰到的，大部分研究者只能通过极其繁琐且微不足道的日常事务以求获得当地人的信任，并借以叙述自己所做研究的真实性。就我而言基本属于后者，所以在描述如何被实习学员所信任以及获得这种信任的依据时，我主要通过他们的饮食、交通、安全、工作调动、文化生活安排等的日常琐事而展开。

此外，我所涉及的师范实习生教学质量的问题是当前不可忽视的一个问题。一方面，一些学校希望能够招聘到在实习中认真、踏实且具备初步教学经验的师范毕业生，但常常又以影响本校教学质量或者耽搁学生为正当理由，拒绝接受师范实习生，从而导致了每年一些师范实习生难以找到较为合适的学校进行实习。另一方面，即便一些学校由于种种原因接受了师范实习生，但批改作业、听课、跑腿、坐班等几乎是师范实习生的大部分工作，这种矛盾不仅使实习工作流于形式，难于达到实习目的,而且在很大程度上引起了实习生的强烈不满。因此,如何使实习生得到更多的实习机会,采取何种措施,切实提高他们的教学技能与水平,是我们研究者都应该关注的问题。

由于是初次运用课堂人种志于研究实践,在执行过程中也存在着一些问题,但无论怎样,它们都将成为宝贵经验,在指导以后的课堂人种志实践中发挥不可替代的功效。

结束语

　　正如前面所述,课堂人种志尽管在西方已经成为一种比较完善的方法论体系,但在我国仍然处在萌芽阶段,许多研究者对这一研究范式缺乏足够的认识,从而造成理解上的误解与偏差。一些人认为,对课堂现象的简单描述就是课堂人种志研究。一些人则运用自己的逻辑思维去对课堂呈现的现象、事件和行为加以分析、解释和判断,并作为说明对教学理论某一看法、观点的佐证,而很少注意它们背后隐藏的社会文化,甚至某些分析和解释与课堂师生的认识和理解大相径庭,由于缺乏对师生的深度访谈,其他人也很难从他的文本中判断出课堂究竟发生了什么事,为什么会出现这样的课堂情境,而仅仅是根据研究者本人的交代展开思维。一些人认为课堂人种志就是参与观察法,将二者等同起来,既不明白参与观察与观察参与有何区别,也不明白深度访谈在其中扮演的角色和重要意义,更不明白有什么价值,所以往往一看见文本中呈现出有关课堂的描述,无论作者交代与否,都看作是依据课堂人种志研究基本规范和要求所做的一种研究。这些都造成了对课堂人种志研究的误解。

　　当然,还有一些人将教育人种志和课堂人种志混为一谈,认为教育人种志就是课堂人种志,二者并没有什么区别。正如学校是社会的一个组成成分,但不能因此就可轻率地套用社会学理论或方法来研究学校一样,教育人种志是一种微观的研究方法,而课堂人种志是微观中的微观方法。可是说,教育人种志除包括课堂人种志所研究的对象外,还包括整个国家教育或地区的教育系统和学校制度,主要包括教育政策、教育改革、学校管理、校长培训、校风、学校规章制度等等多方面的内容。相比之下,课堂人种志研究则将研究触角伸向课堂这一更为微观的领域,也是教学理论产生、发展和创新的原点,主要关注的是课堂情境下师生行为衍射出的文化意蕴，如师生关系、学习方式、课堂管理、教学组织等等。所以它的研究更细化，更具有深度，也更有价值与意义。这种研究重心的转移无疑有助于教学理论摆脱"书斋式"研究，直接关照自身所研究的对象，进而激发教学理论的生机和活力。

我对课堂人种志充满了浓厚的兴趣，打印了许多有关人种志、民俗志、民族志资料，复印、购买了一些相关人类学、社会学的书籍，拜读了一些有关社会学、教育人类学、教育人种志和课堂人种志的相关书籍和文章，并就这些资料进行了分析、整理和提炼。同时，也在 2008 年下半年利用去新疆实习支教的时间，对这一方法进行了初步的尝试与运用，由于个人能力、水平有限，因而使整个研究文本显得比较宽泛，也缺乏相应的深度，但在一个功利尘嚣至上、抄袭事件不断出现的时代，不要说创新，就是去做一件有价值、有意义的事也是不易的。基于此，也许我的尝试自不量力，甚至是模糊其词的，但只要触发他人的思考，提供一种线索、思路，甚至是一种反对的声音也就达到了目的。

参考文献

(一)专著类

[1]艾尔·巴比.社会研究方法(上)[M].邱泽奇,译.11 版.北京:华夏出版社,2000:57.

[2]保罗 R．伯顿,戴维 M．伯德.有效的教学方法[M].盛群力,闫蔚,译.1版.杭州:浙江教育出版社,2008:213.

[3]巴利.天真的人类学家——小泥屋笔记[M].何颖怡,译.1 版.上海:上海人民出版社,2003:4.

[4]布列克里局,杭特.教育社会学理论[M].李锦旭,译.1 版.台北:桂冠图书公司,1987:299.

[5]陈瑶.课堂观察指导[M].1 版.北京:教育科学出版社,2002:41 – 85.

[6]陈向明:质的研究方法与社会科学研究[M].1 版.北京:教育科学出版社,2000:25.

[7]陈海飞.解释学基本理论研究[M].1 版.北京:中共党史出版社,2005:97.

[8]大卫·格里芬著.后现代精神[M].王成兵,译.1 版.北京:中央编译出版社,1998:216 – 217.

[9]戴维·布莱克莱吉,巴里·亨特.当代教育社会学流派——对教育的社会学解释[M].王波,陈方明,胡萍,译.1 版.北京:春秋出版社,1989:261 – 285.

[10]狄尔泰.历史中的意义[M].艾彦,逸飞,译.1 版.北京:中国城市出版社,2002:90.

[11]丁尔苏.语言的符号性[M].1 版.北京:外语教学与研究出版社,2000:54 – 55.

[12]恩斯特·卡希尔.人文科学逻辑[M].沉晖,海平,叶舟,译.1版.北京:中国人民大学出版社,1991:8,58,142.

[13]恩斯特·卡西尔.人论[M].甘阳,译.1版.上海:上海译文出版社,2004:9.

[14]费孝通.文字下乡[C].1版.北京:群言出版社,1999:9.

[15]费孝通.学术自述与反思——费孝通学术研究文集[C].1版.北京:三联书店,1998:188.

[16]费孝通.社会调查自白[M].1版.上海:知识出版社,1985:29.

[17]费希特.论学者的使命——人的使命[M].梁志学,沈真,译.1版.北京:商务印书馆,1997:41-43.

[18]冯增俊.教育人类学[M].1版.南京:江苏教育出版社,2001:343-355.

[19]弗里德里希·A·哈耶克.科学的反革命——理性滥用之研究[M].冯克利,译.1版.南京:译林出版社,2003:14-16,30,53-54,71-72,96.

[20]格尔茨.地方性知识[M].王海龙,张家瑄,译.2版.北京:中央编译出版社,2004:74-75,219-220.

[21]格尔兹.文化的解释[M].纳日碧力戈,郭于华,李斌,等译.1版.上海:上海人民出版社,1999:5,24,32,46-47.

[22]格尔兹.文化的解释[M].韩莉,译.1版.南京:译林出版社,1999:5-8,13,18-19,21-27.

[23]高丙中.民俗文化与民俗生活[M].1版.北京:中国社会科学出版社,1994:157.

[24]海德格尔.存在与时间[M].洪佩郁,蔺青,译.1版.北京:三联书店,1999:42.

[25]H·P·里克曼.狄尔泰[M].殷晓蓉,吴晓明,译.1版.北京:中国社会科学出版社,1989:247.

[26]韩震,孟鸣歧.诠释学与人文社会科学[M].1版.上海:上海译文出版社,2002:7.

[27]黑格尔.历史哲学[M].王造时,译.1版.上海:上海书店出版社,1999:10.

[28]洪汉鼎.理解与解释——诠释学经典文选[C].1版.北京:东方出版社,2001:37-38,76.

[29]胡德海.教育学原理[M].2版.兰州:甘肃教育出版社,2008:265.

[30]洪汉鼎.理解与解释——诠释学经典文选[C].1版.北京:东方出版社, 2001:37-38.胡塞尔著,倪梁康译.现象学的观念[M].1版.上海:上海译文出版社,1986:9.

[31]伽达默尔.真理与方法[上][M].洪汉鼎,译.1版.上海:上海译文出版社,1999:6.

[32]杰克·R·弗林克尔,诺曼·E·瓦伦.教育研究的设计与评估[M].蔡永红,译.4版.北京:华夏出版社,2004:497.

[33]今村仁斯.阿尔都塞:认识论的断裂[M].牛建科,译.1版.石家庄:河北教育出版社,2001:148,249.

[34]卡尔·奥托·阿佩尔.哲学的改造[M].孙周兴,陆兴华,译.1版.上海:上海译文出版社,1997:92.

[35]康德.纯粹理性批判[M].蓝公武,译.1版.北京:商务印书馆,1997:13.

[36]柯林武德.历史的观念[M].何兆武,张文杰,译.1版.北京:中国社会科学出版社,1986:226.

[37]肯尼思·麦克利什.人类思想的主要观点——形成世界的观念[上][M].查常平,译.1版.北京:新华出版社,2004:487.

[38]李幼蒸.理论符号学导论[M].1版.北京:中国社会科学出版社,1993:44-45.

[39]李亦园.人类的视野[M].1版.上海:上海文艺出版社,1996:43.

[40]理查德·罗蒂.偶然、反讽与团结[M].徐文瑞,译.1版.北京:商务印书馆,2003:3.

[41]雷蒙·威廉斯.关键词——文化与社会的语汇[M].刘建基,译.1版.北京:三联出版社,2005:107,487.

[42]列维·斯特劳斯.忧郁的热带[M].王志明,译.1版.北京:三联书店, 2000:60.

[43]路易·阿尔都塞.读《资本论》[M].李其庆,冯文光,译.2版.北京:中央编译出版社,2001:12,19-20,37-39,209.

[44]马林诺夫斯基.西太平洋的航海者[M].梁永佳,译.1版.北京:华夏出版社,2002:7,33.

[45]马克斯·韦伯.社会科学方法论[M].韩水法,译.1版.北京:中央编译出

版社,2002:149.

[46]马克思.资本论[第一卷][M].北京:人民出版社,1975:34-35.

[47]马克思恩格斯选集[第二卷][C].北京:人民出版社,1995:43.

[48]马克思恩格斯全集[第39卷][C].北京:人民出版社,1974:408.

[49]马克思.哲学的贫困[M].徐坚,译.3版.北京:人民出版社,1962:85.

[50]迈克尔·马尔凯.科学与知识社会学[M].林聚任,等译.北京:东方出版社,2001:6,20,45,58.

[51]米歇尔·福柯.临床医学的诞生[M].刘北成,译.1版.南京:译林出版社,2001:9.

[52]倪梁康.现象学及其效应——胡塞尔与当代德国哲学[M].1版.北京:三联书店,1994:7

[53]N·R·汉森.发现的模式[M].邢新力,周沛,译.1版.北京:中国国际广播出版社,1988:21-28.

[54]皮埃尔·布迪厄.实践感[M].蒋梓骅,译.1版.南京:译林出版社,2003:43,79.

[55]乔治·E·马尔库斯,米开尔·M·费彻尔.作为文化批评的人类学[M].王铭铭,蓝达居,译.1版.北京:三联书店,1998:39,64.

[56]斯蒂芬·杰·古尔德.自达尔文以来——自然史深思路[M].田洛,译.1版.北京:三联书店,1997:173.

[57]泰奥多·德布尔著,李河译.胡塞尔思想的发展[M].1版.北京:三联书店,1995:318.

[58]丸山高司.伽达默尔:视野融合[M].刘文柱,赵玉婷,孙斌,等译.1版.石家庄:河北教育出版社,2002:62.

[59]王岳川.现象学与解释学文论[C].1版.济南:山东教育出版社,1999:24.

[60]威尔斯曼.教育研究方法导论[M].袁振国,译.1版.北京:教育科学出版社,1997:20,329.

[61]威廉.詹姆斯.实用主义[M].燕晓冬译.1版.重庆:重庆出版社,2006:42.

[62]西麦尔.社会学[M].林荣远,译.1版.北京:华夏出版社,2002:514.

[63]西麦尔.货币哲学[M].陈戎女,耿开君,文聘元,等译.1版.北京:华夏出

版社,2002:6,45,345 - 365.

[64]英卡尔·波普尔.猜想与反驳[M].傅季重,纪树立,周昌忠,等译.1 版.上海:上海译文出版社,1986:258.

[65]尤尔根·哈贝马斯.后民族结构[M].曹卫东,译.1 版.上海:上海人民出版社,2002:191 - 192,198.

[66]约翰·布鲁贝克.高等教育哲学[M].王承绪,译.1 版.杭州:浙江教育出版社,1987:113.

[67]詹姆斯·克利福德,乔治·马尔库斯.写文化:民族志的诗学与政治学[M].高丙中,吴晓黎,李霞,等译.1 版.北京:商务印书馆,2006:6,34 - 38.

[68]庄孔韶.文化与性灵——新知片语[M].1 版.武汉:湖北教育出版社,2001:11,15.

[69]孔庄韶.人类学概论[M].1 版.北京:中国人民大学出版社,2006:382.

[70]佐藤学.静悄悄的革命[M].李季湄译.1 版.长春:长春出版社,2003:51 - 54.

(二)期刊、论文类

[1]巴战龙问,滕星答.人类学·田野工作·教育研究一个教育人类学家的关怀、经验和信念[J].中南民族大学学报:人文社会科学版,2004,24(2):5 - 12.

[2]陈沛照.对人类学田野工作的省思[J].西北第二民族学院学报,2006,72(4):75 - 79.

[3]陈庆德.人类学两个基本问题的语境反思[J].云南大学学报:社会科学版,2003,(4):46.

[4]陈向明.定性研究中的效度问题[J].教育研究,1996,(7):53 - 56.

[5]党登峰,王嘉毅.浅析教育研究中的访谈法[J].教育评论,2002,(2):31 - 33.

[6]范正勇.对人类学研究方法——田野调查的几点思考[J].青海民族研究,2007,18(3):17 - 18.

[7]方莉萍.人类学的田野工作及对教育研究的启示[J].湖北民族学院学报:哲学社会科学版,2004,22(6):58.

[8]费孝通.21 世纪人类学面临的新挑战[J].广西民族学院学报:哲学社会科学版,2000,22(5):8 - 16.

[9]费孝通.建设 21 世纪中国的社会学[J].群言,2003,(2):16 - 17.

[10]符娅.课堂观察在教育教学研究中的重要性探析[J].四川教育学院学报,2006,22(12):1-3.

[11]高丙中.民族志的科学范式的奠定及其反思[J].思想战线,2005,31(1):75-81.

[12]高丙中.民族志发展的三个时代[J].广西民族学院学报:哲学社会科学版,2006,28(3):59-63.

[13]高丙中.中国社会科学需要培育扎实的民族志基本功[J].民间文化论坛,2006,(2):106.

[14]何星亮.人类学民族学田野调查的历史与未来[J].民族研究,2002,(5):43-45.

[15]顾华详.新疆双语教育实现科学发展的对策研究[J].民族教育研究,2008,256(5):112-114.

[16]顾华详.制约新疆民族基础教育质量——提高的主要问题与对策[J].国家教育行政学院学报,2006,(6):41-46.

[17]兰林友.人类学再研究及其方法论意义[J].民族研究,2005,(1):36-46.

[18]澜清.深描与人类学田野调查[J].苏州大学学报:哲学社会科学版,2005,(1):47-48.

[19]李德显,杨淑萍.人种志方法与课堂研究[J].教育理论与实践,2002,22(7):42-44.

[20]李复新,瞿葆奎.教育人类学:理论与问题[J].教育研究,2003,285(10):5.

[21]李姝.教育的风情:人类学视界中的民族教育[J].民族教育研究,2005,16(1):16-17.

[22]刘锋,代燕春.人类学理论的批判、反思与自觉——《人类学的理论预设与建构》评介[J].民族研究,2007,(2):105.

[23]李银兵.对民族志品质问题的反思[J].大连民族学院学报,2007,41(6):81-83.

[24]列维·斯特劳斯著,王恩庆译.民族学者的责任[J].民族译丛,1979,(4):37-39.

[25]刘彦尊.人种志方法在比较教育研究中的应用[J].外国教育研究,2006,

33(9):31－35.

[26]刘云杉.国外教育社会学的新发展[J].比较教育研究,2002,(12):3－5.

[27]马翀炜,张帆.人类学田野调查的理论反思[J].思想战线,2005,31(1):48.

[28]潘蛟.田野调查:修辞与问题[J].民族研究,2002,(5):52－53.

[29]朴雪涛,林群.教育俗民志研究与教师专业发展[J].理论月刊,2002,(4):.

[30]钱民辉.费孝通的教育人类学思想初探[J].中央民族大学学报:哲学社会科学版,2007,34(4):43－44.

[31]阮云星.民族志与社会科学方法论[J].浙江社会科学,2007,(2):25－33.

[32]塞巴斯蒂安·赫尔科默.后意识形态时代的意识形态[J].张世鹏,译.当代世界与社会主义,2001,(11):17－22.

[33]桑国元,于开莲.基于人种志视角的课堂观察[J].中国教育学刊,2007,(5):48－51.

[34]单领军.意义和象征的深度描述——谈吉尔兹《文化的解释》[J].商业文化(学术版),2007,(10):196－197.

[35]盛晓明.地方性知识的构造[J].哲学研究,2000,(12):36.

[36]陶李刚,高耀明.教育人种志研究的特征及其设计原则[J].外国中小学教育,2004,(8):15－18.

[37]覃锐钧.人类学的眼光和价值取向[J].广西民族学院学报:哲学社会科学版,2004,(S1):21－22.

[38]王恩划.大学学者的使命与学术责任[J].高等教育研究,2005,26(1):15－17.

[39]王桂平,史晓燕,郭瑞芳,等.国外关于课堂纪律问题的研究述评[J].外国教育研究,2005,32(6):78.

[40]王鉴.关于实践教学论的几个理论问题[J].教育理论与实践,2005,21(11):34.

[41]王鉴.合作学习的形式、实质与问题反思[J].课程·教材·教法,2004,24(8):31－35.

[42]王鉴.课堂志:回归教学生活的研究[J].教育研究,2004,288(1):79

－84.

[43]王萌.浅谈访谈法中的提问技巧[J].现代教育科学,2006,(5):105
－107.

[44]王明利.国外语言教学中对课堂师生话语交往分析的几种理论方法的评介[J].北京第二外国语学院学报,2006,132(2):2－3.

[45]王铭铭.范式与超越:人类学中国社会研究[J].广西民族学院学报:哲学社会科学版,2006,28(4):70.

[46]王清钢,潘守永.人类学田野研究的几点思考[J].中央民族大学学报:社会科学版,1999,(2):17.

[47]吴康宁,程晓樵,吴永军,等.课堂教学的社会学研究[J].教育研究,1997,(2):64－65.

[48]谢元媛.从布迪厄的实践理论看人类学田野工作[J].社会科学研究,2005,(2):121.

[49]薛小明.对一堂高中历史课课例的分析[J].教育科学研究,2006,(2):35.

[50]杨孔炽.教育理论创新的"他山之石"——从人类学研究的几个特征谈起[J].北京大学教育评论,2003,1(4):97－98.

[51]杨秋林,汪永涛.试论人类学研究方法[J].科协论坛[下半月],2009,(1):80－81.

[52]杨威.访谈法解析[J].齐齐哈尔大学学报:哲学社会科学版,2001,(7):114－117.

[53]杨善华,孙飞宇.作为意义探究的深度访谈[J].社会学研究,2005,5:54.

[54]姚秀颖.解释人类学研究范式及其对教育研究的启示[J].教育科学,2005,21(5):2.

[55]叶舒宪.地方性知识[J].读书,2001,(5):121－125.

[56]苑国华.布迪厄.从事人类学研究的缘由、成果及意义[J].长沙大学学报,2006,20(6):74－76.

[57]袁磊,李一媛.人种学方法在教育科学研究中的应用[J].长春师范学院学报,2004,33(1):26－30.

[58]袁同凯.教育民族志抒写反思[J].广西民族大学学报:哲学社会科学版:,2007,29(4):39－42.

[59]袁振国,徐国兴,孙欣.方法的变革——人种学在教育研究中的应用[J].上海高教研究,1996,(3):8-12.

[ ]岳天明.试论我国教育人类学的学科定位与学科精神[J].民族教育研究,2008,19(1):38-40.

[60]赵世瑜.关于民俗研究的说三道四——一个"非典型"的学术评说[J].民俗研究,2003,(2):50-53.

[61]张华.试论教学中的知识问题[J].全球教育展望,2008,(11):11-12.

[62]张继焦.人类学方法的特点、不足和改进方向[J].民族研究,2002,(5):57-58.

[63]张进.民族志[J].国外理论动态,2006,(3):61-62.

[64]周颖莹.教育人种志浅探[J].当代教育论坛,2007,(3):69-70.

[65]周大鸣,秦红增.参与发展:当代人类学对"他者"的关怀[J].民族研究,2003,(5):44-45.

[66]庄孔韶.回访的非人类学视角和人类学传统——回访和人类学再研究的意义之一[J].西南民族大学学报:人文社科版,2004,(1):2-3.

[67]朱冬亮.人类学的"科学"方法论——读马林诺斯基《南海船人》"绪论"[J].民俗研究,2000,(1):160-162.

[68]朱志燕.感悟思维:连接人类学田野工作和理论的桥梁[J].广西民族学院学报:哲学社会科学版,2006,(S1):64-65.

附　录

——深度访谈提纲

访谈员自我介绍：

您好，我是西北师范大学教育学院 2009 级的一名博士生，我正在对我们西北师范大学在新疆沙雅县实习支教学员的教学情况进行调查。希望通过这次调查，了解他们在这一阶段内的教学实际状况，为此我需要您的帮助和参与，以便为我们学员能够在此次实习支教中的教学水平提高有所帮助，并希望此次调查对我的毕业论文有所帮助。

我向您郑重的承诺，今天访谈涉及的内容和您阐述的观点，只作为一种参考，您声明不宜公开的资料和观点，我将严格为您保密，非常感谢您的帮助。

访谈对象：新疆沙雅县实习支教学员，当地老师和校长。

访谈提纲所包含的主要内容：

（一）学员部分：

主要问题：

1. 你认为你在学校里学的教育教学理论对你的教学有帮助吗？

2. 你认为你这一阶段的上课情况怎么样？存在哪些问题？

3. 你的指导教师经常指导你吗？是怎样指导的？你认为对你上好课是不是帮助很大？

4. 你上课前是否做了充分准备？你一般上课前都做些什么准备？

5. 你认为当地教师的教学情况如何？对你有什么影响？

6. 你是否经常和你的指导老师进行沟通、交流，探讨教学中存在的问题，向他征求一些好的意见和办法？在指导教师外，你是否还和其他学员或当地老师探讨如何提高教学的技能和水平？

7. 当你发现在教学中存在一些自己难以解决的问题时,你一般找谁? 一起实习的学员、当地关系比较熟悉的老师、指导教师,还是谁都不问,自己慢慢琢磨。

8. 你是否经常向你的学生询问过你上课的情况? 如果他们不满意的时候,你是采取什么办法来加以补救,还是认为自己做的有道理,置之不理?

9. 你认为你所在的学校校长对实习工作是支持,还是漠不关心? 是不是制定了相关的实习制度,并且落到实处。校长是不是听过你的课,大概听了几次,是否给你提出过建议,或向你的指导老师询问过你的上课情况。

(二)当地教师或指导教师部分(以实习支教学员所在学校的当地教师或他们的指导教师作为访谈对象)

基本资料:职务,教龄,性别,学历水平,所教年级、班级和所教科目。

主要问题:

1. 你认为这一阶段学员的上课情况怎么样?

2. 你认为他们在教学中是否主动,经常找你询问上课的好方法? 你认为他们所学的知识是否能够满足教学的要求?

3. 你认为在你们学校的这些学员在教学中存在着哪些共同的优点和缺点?

4. 你是否经常给予他们指导,具体怎样指导? 是让他们听你的课,还是你去听他们的课,大概听了几次? 是否经常检查他们教案备写和学生作业的批改情况? 学员是否经常请你去听他们的课,让你给他提出一些意见?

5. 你认为学员要上课之前应该做些什么样的准备工作?

6. 当你给学员提出意见和要求时,你是否给他们说明了原因,他们是否愿意接受你提出的意见?

7. 你认为在帮助学员尽快提高教学水平、技能方面,指导老师、带队老师和学校具体应该做些什么?

8. 你们学校制定相关的实习制度了吗? 如果制定了,你对它有什么看法?

9. 就你了解的情况,你认为学员对自己上课的情况满意吗? 学生反映如何?

10. 你一般是怎样上课的?

(三)校长部分(以实习支教学员所在学校的校长作为访谈对象)

基本资料:职务,教龄,性别,学历水平,所教年级、班级和所教科目;

主要问题:

1. 你当初为学员安排指导老师是从哪几个方面考虑的?

2.你是否制定了相应的实习制度,是如何制定的？是否始终按照实习制度去对指导教师和学员加以要求？

3.你是否曾经听过学员的课,是一个人去听,还是组织相关学科的老师一起去听,听了大概有几次？听课后,是否就学员的上课情况展开说课和评课的活动？是否在一定时间段内向学员的指导老师询问过学员的教学情况？是否向学员询问过他们教学的情况？当学员教学存在问题时,你采取了什么措施

4.你认为当前学员在教学中还存在哪些方面的问题？你认为学员所学的知识是否能够满足你们的教学需要？

以上是我在访谈中根据访谈对象分别设计的访谈提纲,在访谈的过程中,我会根据具体的情况随机应变的对访谈内容进行必要的增添或筛选,以求获得与研究相关的最直接有效的信息。

后　记

　　本书是在自己博士论文基础上略加修改的结果，即将付梓出版之际，不由地令我想起过去那段难忘的岁月。我在兰州求学六年，时间不可谓不长，但久居蜗室中，尽管读书闲暇之际，便悄然前往二、三百米之外的黄河岸边，观其滔滔河水东流之势，以消读书倦怠之闷。每每他人谈及兰州之人、之情、之景时，我却茫然无知，甚为窘迫，也为憾事。然而六年的岁月中，在具有百年历史之久西北师范大学浓厚的学术氛围熏陶下，常饮黄河之水，耳濡目染，获益不可谓不深。

　　六年之中，我始终以踏踏实实做人、老老实实做事作为自己的人生准则，秉持做事之前先做人的人生信条。记得年前曾看见过一幅对联，语言虽俗，含义颇深。上联是"未开文章先看品"，下联是"方选人才首观德"。所以，在自己生命的发展以及求学过程中，无论外面社会是如何庞杂纷乱，我始终以平常之心待之，时时注意提高自己的道德水平，加强自身的道德修养。

　　在硕士、博士就读期间，许多老师都给我留下了极其深刻的印象，如李定仁教授、胡德海教授、王嘉毅教授、万明钢教授、孙名符教授、姜秋霞教授、周爱宝教授、王鉴教授、李瑾瑜教授、刘旭东教授、许洁英教授、王宗礼教授等，他们胸怀宽广、学识渊博、待人真诚，不愧是身正德高的典范。在硕士就读期间，我的硕士生导师——许洁英教授，对我的学习、生活和工作给予了极大的帮助和指导，此情此景至今让人难以忘怀。在读博期间，李定仁老先生也对我关心备至。先生虽患疾病，然平易近人、待人热诚、态度和蔼，在学术上也是扎扎实实，造诣极其深厚，这些使人不由不产生一种敬仰之情。尤其要感谢我的博士生导师王鉴教授，他对我个人问题极为关心，也对我的学习、生活给予了无微不至的关怀、照顾和指导，特别在论文选题、修改，资料的提供以及工作寻找等方面给予了我极大的帮助。当然，还有我的师母——安红梅老师，她在生活上也给予了我很大的帮助。他们给予我的影响、关心、帮助和指导，我将铭记在心，也必将追随我一生，指引我以后人生的道路。同时，我还要感谢一起就读博士的同窗学友：李清臣、韩永红、晋银峰、张永祥、金萍、方勤华、杨晓、吕晓娟、张水云、于影丽、滕志妍，与他们一起生活、学习和交流中，我增长了知识，获得了许多人生经验。尤其我要感谢李清臣、韩永红、晋银峰、金萍，还有我的师姐杨文娟，他们在生活、精神、学习和论文修改方面给予我的关心、帮助和指导。此外，我也感谢我的师弟与师妹：刘志耀、卢光辉、柴楠、张晓洁、李茹、谢小琴、房正、王雪梅、张燕、吴原等对我的关心。最后，我也要感谢我的父母亲以及兄长、嫂子、大姐、二姐等在生活、精神和资金上给予的帮助和支持。

岁月荏苒，时光如梭，无论在哪个地方，我都会牢记西北师范大学曾给予我的养育之恩，牢记兰州这个曾经抚养我六年的地方，牢记在人生道路上给予我无私帮助的人，坚守自己的人生信念，不断前进，以加倍的努力和辛勤的付出向他们表示感谢。

杜文军